명화로 만나는 생태

국립생태원 참여 연구원

[생태정보 제공 및 감수]
장인영(기후)   정필모(지형)

[기획위원]
강종현(생태교육)   김경순(복원연구)   김영건(복원연구)
박상홍(생태전시)   박영준(연구정책)   이태우(생태조사)
차재규(생태평가)   문혜영(미술사)   유연봉(출판기획)
이진원(출판기획)

명화 선정 자문
이주헌(미술평론가)

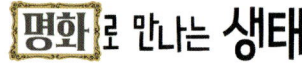로 만나는 생태

❿ 기후·지형

발행일 2025년 8월 30일 초판 1쇄 발행

글 김성화·권수진 | 그림 장선환
발행인 이창석 | 책임편집 장지덕 | 편집 이정대 | 기획 문혜영
외주진행 아르떼203(편집 임형진 | 디자인 권석연) | 명화정보조사 서현주
발행처 국립생태원 출판부
신고번호 제458-2015-000002호(2015년 7월 17일)
주소 충남 서천군 마서면 금강로 1210 / www.nie.re.kr
문의 041-950-5999 / press@nie.re.kr

ⓒ 김성화, 권수진, 장선환, 국립생태원 National Institute of Ecology, 2025
ISBN 979-11-6698-641-3 74400   979-11-6698-000-8 (세트)

[일러두기]
명화 정보는 작품명, 작가명, 제작 연도, 소장처 순서입니다. 정보가 없을 경우 표시하지 않았습니다.
이 책에 실린 모든 글과 그림을 저작권자의 허락 없이 무단으로 사용하거나
복사하여 배포하는 것은 저작권을 침해하는 것입니다.

⚠ **주의** 다칠 우려가 있습니다. 본 도서를 던지거나 떨어뜨리지 않도록 주의하십시오.
★ 환경 보전을 위해 친환경 용지를 사용하였습니다.

명화로 만나는 생태

⑩ 기후·지형

글 김성화·권수진 / 그림 장선환

국립생태원
NIE PRESS

명화로 만나는 기후와 지형 이야기

들어가는 글

집채만 한 거인이 지구의 어느 동네에 조용히 살고 있었어.
어느 날 거인이 결심을 해. 지구를 한 바퀴 돌아보기로 말이야.
어디로 갈까? 어디로 가든 실망할 일이 없을 거야.
지구는 구석구석 놀라운 행성이니까.
자 그럼, 바람이 불어오는 곳으로 출발!
헉헉! 산을 넘고 넘어.
울창한 숲을 헤치고 움푹움푹 골짜기를 지나고 쿵! 폭포로 떨어져. 하지만 거인에게 이 정도쯤이야.
세차게 흐르는 강을 건너 고원 지대를 지나 사막을 횡단해.
오싹오싹 동굴을 탐험하고 열대의 밀림을 지나 차가운 호수에 풍덩!
이번에는 끝없는 대평원을 만나. 거대 뗏목을 타고 바다도 건너.
바다 한가운데 화산섬이 나타나. 으악! 화산이 폭발하고 있잖아!
날씨는 점점 더워져. 헐떡헐떡! 점점 더 더워져. 다시 추워져. 점점 더 추워져. 무시무시하게 추워져. 맑았다가 흐렸다가 눈이 왔다가 폭풍이 휘몰아쳐.

만약에 거인이 화성이나 달에 살고 있었다면 가도 가도 황량한 땅만 보게 되었을 거야. 하루만 지나도 지루해졌을 거야. 하지만 지구에서라면 심심할 틈이 없어.

지구는 정말로 놀라운 곳이야. 밀림과 사막, 바다, 호수와 강, 평원, 얼어붙은 땅과 거대한 빙하……. 왜 지구에는 이 모든 게 있을까?

지구는 왜 이렇게 변화무쌍할까?

이런 지구를 생각하면 가슴속에 무언가 보글보글 끓어오르지 않아?

가 보고 싶고 탐험해 보고 싶어서 말이야. 어느 날 엄마, 아빠가 굉장한 결심을 했으면 좋겠어. 아이들을 데리고 지구 일주를 떠나기로!

하지만 엄마, 아빠에게 조르기 전에 이 책을 열어 봐. 이 책에 나오는 20점의 그림 속에 놀라운 지구가 들어 있어. 위대한 재능을 가지고도 엄청난 노력을 마다하지 않은 존경스러운 화가들이 봄, 여름, 가을, 겨울의 자연을 꼼꼼히 관찰하며 구석구석 지구의 풍경을 그림 속에 담았어. 속닥속닥 지구의 이야기에 귀를 기울여 봐.

차례

들어가는 글 /4

루소를 따라 열대 우림으로! 〈폭포〉, 앙리 루소 /8

사하라는 옛날에 사막이 아니었어
〈이집트 피라미드 사이의 낙타 카라반〉, 에드윈 로드 윅스 /18

온대 기후는 아주아주 특별한 기후야
〈전(傳) 심사정·최북 필 소품화집〉, 전(傳) 심사정 /28

지중해는 소금 사막이었어 〈라 도가나(세관), 베네치아〉, 폴 시냐크 /36

북극에 얼음이 사라진다면…… 〈얼음 바다〉, 프리드리히 /44

내일도 하늘이 맑을까? 〈빌뇌브 라 가렌의 다리〉, 시슬레 /52

언제부터 지구에 비가 왔을까? 〈파리의 거리, 비 오는 날〉, 카유보트 /60

폭풍이 온다! 〈네덜란드 마을 위의 폭풍 구름〉, 게오르그 길리스 반 하넨 /70

눈은 숲의 담요 같아 〈겨울〉, 쉬시킨 /78

소빙하기가 뭐야? 〈눈 속의 사냥꾼(겨울)〉, 대 피터르 브뤼헐 /86

생트빅투아르산에 가 봐 〈생트빅투아르산〉, 폴 세잔 /94

5억 명의 사람들이 화산 옆에서 살고 있어 〈코토팍시 화산〉, 프레더릭 에드윈 처치 /102

차례

요세미티 계곡을 내려다보며 〈요세미티 계곡을 내려다보다〉, 앨버트 비어슈타트 / 112

피오르를 보러 가자 〈피오르의 여름날〉, 라스무센 / 120

석회암을 본 적 있어? 〈묀 절벽〉, 리버트 / 128

폭포가 점점 뒤로 물러나고 있어 〈폭포〉, 쿠르베 / 138

지금도 호수가 사라지는 중이야
〈멀리 리기산이 보이는 스위스 루체른 호수의 달빛〉, 윌리엄 터너 / 146

강이 구불구불 흐른다
〈우각호-폭풍이 지나간 뒤 메사추세츠주 노샘프턴의 홀리요크산에서 바라본 풍경〉, 토머스 콜 / 154

대평원에 무슨 일이 있었던 걸까?
〈텍사스 초원에서 풀을 뜯는 버팔로와 엘크〉, 조지 캐틀린 / 162

전 세계 대륙을 둘러싼 길고 긴 해안선을 상상해 봐
〈에트르타, 해변과 팔레스 다몽〉, 클로드 모네 / 170

찾아보기 / 178
참고 도서 / 180

폭포
앙리 루소, 1910년, 시카고 아트 인스티튜트

루소를 따라
열대 우림으로!

콰르르 콸콸 콸콸!

시원한 폭포 소리가 들려?

키 큰 나무들의 울창한 잎사귀로 둘러싸인 개울가에 사슴이 놀러 왔어.

앗, 사람들이 있는데?

사슴은 놀라지도 않는 것 같아.

수풀에 숨은 사람들이 보여?

알록달록 거대한 식물 사이로, 짹짹 찌르르 까악까악 쿠쿠쿠 온갖

별난 새소리도 들릴 게 틀림없어.

여기는 아프리카 밀림이거든.

프랑스의 화가 앙리 루소가 그린 〈폭포〉라는 그림이야.

앙리 루소는 가난한 배관공의 아들로 태어나 평생 미술 교육을 받아

본 적 없이 독학으로 화가가 되었어. 24년 동안 세관의 요금 징수원으로 일하며 틈틈이 그림을 그려 '일요일의 화가'라는 별명으로 더 유명했어.

루소는 40세가 넘어서야 화가가 되었어.

사람들이 일요일의 화가, 아마추어 화가라 놀려도 루소는 스스로를 어엿한 직업 화가이자 사실주의 화가라 여겼어. 하지만 비평가들은 코웃음을 쳤어. 아무리 봐도 루소의 그림은 사실 같지가 않고, 사실과 환상이 뒤섞인 희한한 그림으로 보였거든. 화풍이 어린아이 그림처럼 유치하고 서툴러서 비평가들로부터 비웃음을 샀어.
〈폭포〉는 화가가 죽기 전에 마지막으로 그린 미완성 작품이야.
어때?
정말 그림이 유치해 보여?
루소의 그림은 루소가 죽고 나서야 유명해져. 원시적이고 서투른 듯 보이는 루소의 화풍을 청년 화가 피카소가 열렬히 환호했어. 화가가 죽기 얼마 전에 피카소는 어느 화상의 허름한 가게에서 루소의 그림

1점을 5프랑에 구입해. 피카소는 루소를 집에 초대해 화가, 시인 친구들과 함께 '루소의 밤'을 열어 축하해 주었어. 평생 무시당하고 경멸받던 가난한 화가 앙리 루소는 어린 예술가 친구들 사이에서 처음으로 행복했을 거야.

훗날, 원시적이고 환상적인 루소의 화풍은 초현실주의 화가들에게 큰 영감을 주게 돼. 루소의 그림과 같은 화풍은 전에도 없었고 후에도 없어.

앙리 루소의 화집을 보거나 앙리 루소의 그림을 검색해 봐.

루소의 그림은 어린아이의 그림처럼 단순하고 소박하지만, 순수하고 열정적이고 숭고하고 신비로워.

앙리 루소는 일평생 풍경과 인물, 동물과 식물을 주로 그렸는데 자연을 가장 좋은 스승이라 여기며 그림을 그렸어. 그중에서도 루소가 그린 열대의 정글 그림들이 가장 유명해. 이 그림도 그 그림들 중에 하나야.

루소는 열대의 정글을 사랑했지만, 한번도 가 본 적이 없어. 아니, 프랑스 밖으로 여행한 적이 한번도 없다니까.

루소의 그림 속 정글은 진짜 밀림이 아니라 모두 상상 속의 풍경이야. 어느 미술사학자가 저명한 식물학자에게 루소가 그린 열대 식물들을 감정해 달라고 의뢰했는데, 실제 식물과 똑같은 것은 하나도 없다고 했다는 거야!

루소를 따라 열대 우림으로!

그렇다 해도 우리는 루소의 그림을 보며 축축한 열대를 느껴.
루소를 따라 우리도 열대의 밀림 속으로 들어가 보기로 해.
늪 속에서 악어가 입을 쩍 벌리고 나타나면 어떡해?
늪을 가로지르지 않아도 돼! 뗏목을 타고, 작대기로 어두컴컴한
수풀을 헤치며 갈 필요도 없다니까. 준비됐어?

출발!
열기구를 타고
열대 우림으로!

보여?
어둠 속에 거대한 풍선이 부풀어 올라.
아직 해가 뜨기 전이야. 새벽 노을빛 속에 환상적인 빛깔의 열기구가
두둥실 떠올라!
어디로 가고 싶어? 아프리카의 열대 우림으로? 아니, 아마존으로
가고 싶다고? 얼마든지!
카메라, 물병, 공책, 모기 퇴치 약을 준비했어?
오레오 쿠키도 챙겨!
우리는 곧 아마존의 열대 우림에 도착할 거야.

캐노피는
열대 우림의 숲 꼭대기야.

열대 우림의 나무들은 키가 40~50미터까지 자라. 사람의 키보다 25배가 넘는 나무들의 키를 상상해 봐. 아득한 나무 꼭대기에 가지와 나뭇잎들이 한데 뒤엉켜 10미터나 되는 층을 이루고 있어. 이 두툼한 층을 캐노피라 불러.

아마존의 열대 우림에는 캐노피가 끝없이 펼쳐져 있어. 땅으로 내려오지 않고 수천 킬로미터까지 걸어갈 수 있을 정도야! 하하. 일평생 나무에서 내려오지 않고 나무 위에서 사는 남자의 이야기를 들어 봤어? 《나무 위의 남작》이라는 소설을 쓴 작가는 어쩌면 열대 우림의 캐노피에서 영감을 얻은 게 아닐까?

빽빽한 열대 우림의 숲 꼭대기에 무엇이 살고 있는지는 오랫동안 아무도 몰랐어. 생태학자들이 채집망을 매고 암벽 등반용 밧줄을 타고 아득한 나무 꼭대기로 올라가 보기 전에는 말이야.

캐노피로 올라간 생태학자들이 깜짝 놀랐어. 한 나무 종에서만 950종의 딱정벌레를 발견한 거야!

오래전부터 생태학자들은 지구에 생물종이 얼마나 될까 추측했는데, 1800년대에 찰스 다윈은 지구에 대략 80만 종이 살 것이라고 했어.

하지만 그건 열대 우림의 캐노피에 아무도 올라가 보지 않았을 때의 이야기야. 이제 생태학자들은 지구에 1억 종의 생물이 살고 있을 것이라고 추측해. 대부분이 열대 우림에 살고 있는데, 그중 40퍼센트가 숲 꼭대기에 살고 있다는 거야!

열대 우림에 그렇게 많은 생물종이 살게 된 이유가 무엇일까?

기후 때문이야!
적도의 숲은 기후가 1년 내내 거의 변함이 없어. 계절이 바뀌지 않아. 바뀌는 것이라고는 단 하나, 습하거나 더 습하거나!
열대 우림의 더위와 습기는 생명체가 살아가기에 유리한 조건이야. 계절이 여러 번 바뀌는 기후는 어떤 생명체에게는 힘든 일이야. 온대 기후의 식물은 기나긴 겨울에 적응해야 해. 애써 틔운 나뭇잎을 떨어뜨리고 씨앗의 발육을 중단하거나 뿌리에 양분을 저장한 채 긴긴 겨울을 견뎌. 동물들은 추위를 피해 멀리멀리 이동하거나 에너지를 덜 소모하기 위해 몇 개월 동안 느리게 살아. 겨울잠을 자지 않으려면 식물이 사라지기 전에 먹을 것을 미리미리 모아 두어야 해.

열대 우림에서 살아가는 식물과 동물들은 그럴 필요가 없어. 다른 곳에서는 수백수천 년 동안 호수가 늪으로 변하고, 평원이 사막으로 변하고, 산이 빙하에 깎여 나갈 때에도 적도 주변의 밀림은 수천만 년 동안 밀림이었어! 수많은 생물종이 태평하게 진화할 수 있었다는 말씀. 그렇게 1억 종에 가까운 생물종이 살게 되었어.

1억 종이라고? 그게 도대체 얼마 만큼일까?

200명의 생태학자들이 죽을 때까지 하루도 쉬지 않고 매일매일 새로운 종을 발견하고 분류한다고 해도 이름을 붙여 주는 데만 거의 1만 5000년이 걸린다는 이야기야.

하지만 생태학자들이 이름을 붙여 주기도 전에 열대 우림이 빠른 속도로 사라져 가고 있어. 아마존에서 벌목으로 하루에 축구장 3,000개 넓이의 숲이 사라져 간다면 믿을 수 있겠어?

한 종류라도 더 찾아내어 이름을 붙여 주기 위해 생태학자들이 지금도 열대의 밀림으로 가고 있어. 이제 생태학자들은 열기구를 타고 열기구 끝에 탐사용 썰매를 매달고 캐노피로 가. 썰매를 타고 캐노피를 달리며 꽃과 나뭇가지와 곤충을 채집해. 생태학자가 아니어도 캐노피에 갈 수 있어. 해외여행을 가고 싶다면 열대 나라의 캐노피로! 공항에 도착하면 캐노피로 데려다줄 관광버스가 기다리고 있어!

이집트 피라미드 사이의 낙타 카라반
에드윈 로드 웍스, 19세기

사하라는 옛날에
사막이 아니었어

사막에 가 보고 싶지 않아?
사막 한가운데에 텐트를 치고 별을 보고, 모래 언덕에 올라
미끄럼틀을 타는 거야.
푸하하, 화장실은 없어! 똥이 마려우면 모래를 파고 묻어. 사막에 사는
딱정벌레들이 깨끗이 분해해 줄 거야.
그림 속의 낙타를 몰고 행진하는 상인들도 그렇게 했을걸.
뜨거운 햇볕 아래 끝이 보이지 않는 기나긴 낙타 행렬이 피라미드가
우뚝 선 사막을 가로지르고 있어.
이 그림은 1800년대에 미국의 화가 에드윈 로드 윅스가 그렸어.
윅스는 동양을 몹시 사랑해서 이집트와 페르시아, 모로코, 인도를
여행하며 가는 곳마다 그림을 그렸어. 향신료와 차 상인이었던

부유한 부모님 덕분에 윅스는 일찍부터 먼 나라로 여행을 다니며 그림을 그릴 수 있었어.

윅스는 22세 때 대서양을 건너 아프리카 북부 사하라 사막을 지나 예루살렘, 다마스쿠스까지 여행을 했는데, 어쩌면 그 길에 이 그림을 그렸을지 몰라.

사막을 가로지르는 길에 대상 행렬을 만났을까?

어쩌면 화가도 낙타 행렬에 끼어 함께 여행을 했을지 몰라. 황량한 사막을 홀로 다닐 순 없었을 테니 말이야. 대상 행렬이 낙타에게 물을 먹이기 위해 쉬어 갈 때, 화가는 배낭에서 화구를 꺼내 쓱쓱 스케치를 했을 거야.

그림 속 황량하고 메마른 사막을 봐.

고운 모래 언덕 대신 피라미드를 닮은 거친 돌산이 우뚝 서 있어.

발이 푹푹 빠질 것만 같은 모래 대신 거친 돌밭이 끝없이 펼쳐져.

사막에 한번도 가 본 적 없는 사람들은 가도 가도 끝없는 모래밭과 모래 언덕뿐일 거라 생각하지만 사막에는 모래보다 거친 돌과 자갈이 훨씬 더 많아.

오랫동안 사람들은 사하라 사막이 바다 밑바닥이었을 거라고 생각했어. 사하라 사막의 모래는 바다 모래일 것이라고 말이야.

하지만 전혀 그렇지 않았어. 무엇보다 사하라 사막 전체에는 모래보다 자갈이 훨씬 더 많은걸.

사하라 사막은
지구에서 가장 넓은 사막이야.

지도에서 찾아봐!

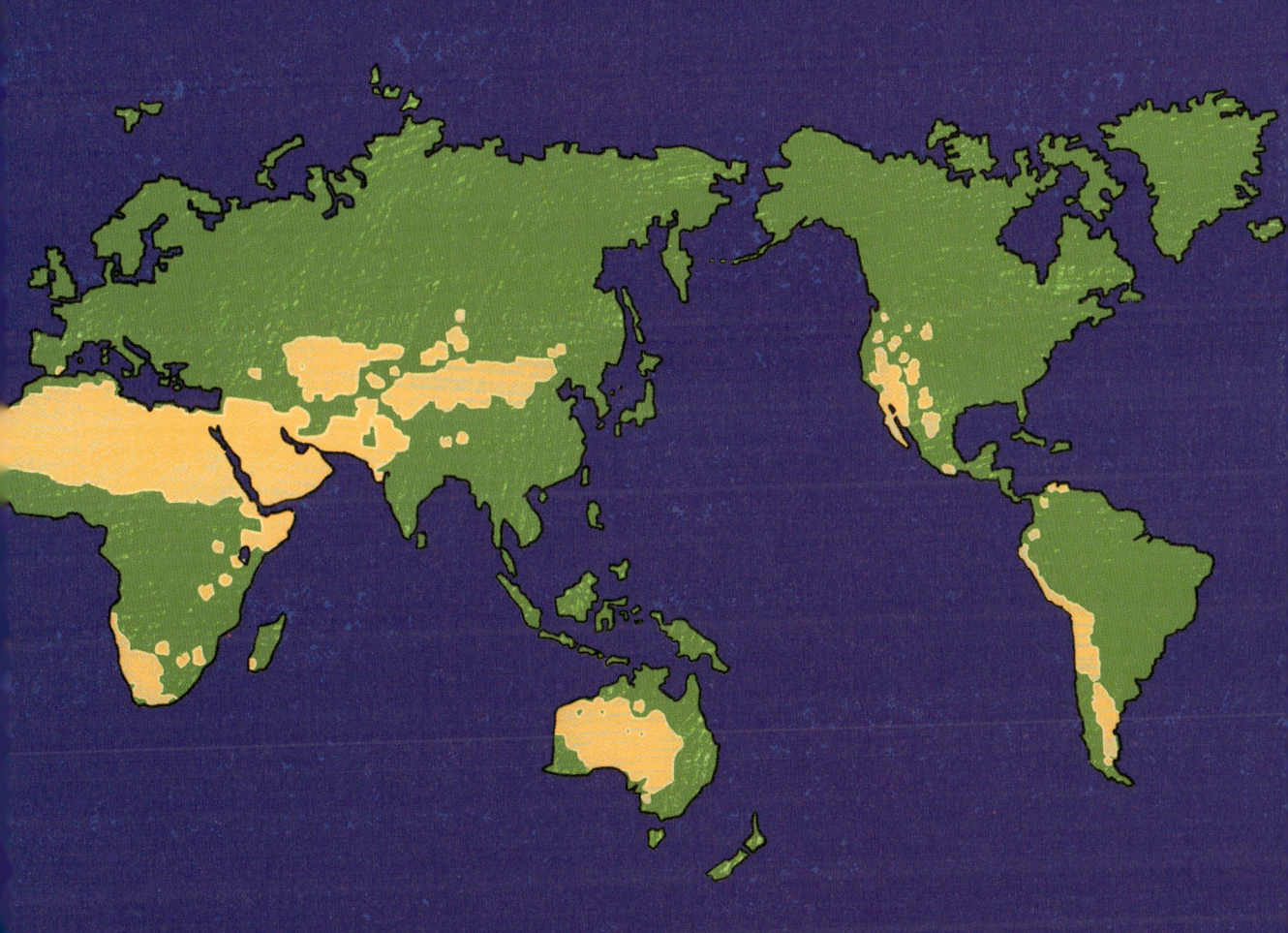

사하라 사막은 아프리카 북부를 가로질러 대륙의 이 끝에서 저 끝까지 펼쳐져 있어. 지구에서 가장 큰 사막이야.

어떤 곳은 몇 년 동안 비 한 방울 내리지 않고 그늘에서도 온도가 58도까지 올라. 모래로 덮인 곳도 있지만, 대부분은 바람에 깎여 구르는 바위들로 덮인 메마른 평원이야.

사막의 한가운데는 기괴한 사암 산맥이 늘어서 있어. 사막 한가운데는 사람들이 살지 않아. 사막의 가장자리에 용맹한 사막 부족이 살아남았을 뿐이야.

석기 시대에 사하라는 사막이 아니었어!

원시인이 살던 시대에 사하라는 샘과 호수가 있고 푸르른 식물로 뒤덮인 대초원이었어. 사람들은 이곳에서 기린과 소, 영양, 타조를 사냥하며 살았어.

어떻게 아냐고?

이곳에 살았던 사람들이 바위에 그림을 그려 놓았거든. 암벽화에 원시인 화가들이 가젤과 코뿔소, 하마, 얼룩소 무리도 그려 놓았어.

먼 옛날 사하라에
무슨 동물이 살았는지 찾아봐!

사하라의 원시인 화가들은 바위에 자신의 모습도 그렸어. 소들 사이에 서 있거나 오두막 옆에 앉아 있거나 화살을 들고 사냥을 하거나 머리에 가면을 쓰고 춤을 춰.

하지만 이제 사하라에는 1만 년 전 사람들도 동물들도 더 이상 찾아볼 수 없어. 이렇게 생생한 그림 속 동물 중에서 오늘날 사하라 사막의 뜨겁게 달구어진 모래와 자갈에서 살 수 있는 것은 하나도 없어.

사하라에 무슨 일이 있었던 걸까?

무슨 일인지 5000년 전부터 사하라는 건조해지기 시작했어. 풀과 덤불이 시들어 죽어 갔어. 호수는 증발해 바닥을 드러내고 기름진 흙이 바람에 흩날려 사라져 갔어. 사하라는 벌거벗은 암석과 흩날리는 모래만이 가득한 곳으로 변해 갔어.

기나긴 지구의 역사에서 이런 일이 처음은 아니야. 빙하기가 오고 갈 때마다 사하라 평원은 비옥해지기도 하고 건조해지기도 하는 시기를 여러 번 되풀이했어. 빙하기가 닥치기 전 먼먼 옛날 중생대에는 사하라에 공룡이 살기도 했어!

그럼 지금은 사하라 사막에
아무것도 살지 않느냐고?

그럴 리가!

황량한 사막에도 거기에 적응한 동물들이 살아남았어.
사막은 낮에 엄청나게 뜨거워지지만 밤에는 기온이 영하까지 떨어져.
생쥐를 닮은 작은 포유동물들이 낮에 바위 밑이나 굴속의 컴컴한
곳에 숨어 있다가 사막에 어둠이 내리면 조심조심 밖으로 기어 나와.
모래쥐와 뛰는쥐야. 사막에는 거의 풀이 없지만, 그래도 돌 틈에
자라는 풀이 있어. 바람에 실려 온 씨앗이나 죽은 식물의
부스러기들을 먹어.
도마뱀붙이도 빠르게 달리며 식어 가는 바위 사이를 돌아다녀.

도마뱀붙이가
딱정벌레를 찾아 날름날름!

앗, 어디선가 사막여우도 나타나 잽싸게 모래쥐를 덮쳐. 사막여우는
오늘의 첫 식사를 하고 모래쥐는 짧은 생애를 마쳐.

전(傳) 심사정·최북 필 소품화집
전(傳) 심사정, 조선 후기, 국립중앙박물관

온대 기후는 아주아주 특별한 기후야

이 그림을 보면 마음이 편안해져.
경치 좋고 살기 좋은 어느 나지막한 산골에 초당이 하나 있고, 선비가
책을 읽고 있어.
언덕에는 소나무 몇 그루가 이보다 더 멋지게 자랄 수는 없다 하고
자태를 뽐내고 있고, 언덕 아래로는 개울물이 흘러가. 폭이 좁은
돌다리를 아이가 물동이를 지고 건너고 있어. 집으로 가는 길일까?
밭으로 가는 길일까?
개울물 뒤로 밭이 보여. 아니, 구획이 지어진 것을 보니 논인가?
옛날 사람들은 밭과 논을 아울러 전답이라 불렀으니 그냥 전답이라
하지 뭐.
아마도 봄일 거야. 논에 초록빛이 없는 걸 보니 모내기 전인 것 같아.

하지만 알록달록 꽃들은 보이지 않는데?

아무튼 날은 선선하고, 그림 속에는 걱정이 한 줌도 보이질 않네.

공자왈 맹자왈…… 개울물 소리와 새소리 사이로 선비의 책 읽는 소리가 울려 퍼지는 평화로운 그림이야. 조선 후기의 선비 화가 심사정이 그렸다고 전해져.

심사정은 김홍도와 함께 조선 후기 최고의 화가로 300여 점의 그림을 남겼어. 하지만 살아 있을 때는 제대로 인정받지 못했어. 심사정의 증조할아버지가 영의정을 지낸 명문가였지만 그만 할아버지 대에 대역죄에 연루되어 집안이 몰락해 버렸거든. 과거 시험을 볼 자격이 없었기 때문에 심사정은 평생 가난하게 그림만 그리고 살아야 했어. 46세에는 다행히 영조 임금의 초상화를 그리는 일에 발탁되었는데 대역죄인의 집안이라는 이유로 그만 5일 만에 파직되고 말았어.

이 그림은 〈전(傳) 심사정·최북 필 소품화집〉에 들어 있는데, 모두 7점의 그림으로 이루어진 화집 중에 두 번째 그림이야. 심사정의 그림이 3점, 같은 조선 시대 후기의 화가 최북의 그림이 4점이야. 아마도 어느 수집가가 두 사람의 그림을 모아 화집으로 만든 것 같아.

우리나라의 옛 화가들이 그린 그림을 보면, 산을 그렸든 일상생활을 그렸든 인물이나 꽃과 새들을 그렸든 여유 있고 평화로워 보여. 왜 그럴까? 책을 좋아하고 생각하기 좋아하는 선비들의 그림이어서일까?

그럴지도, 아닐지도! 어쩌면 너무 당연해서 이유 같지 않은 이유가 있을지 몰라.

우리나라는 무지무지 추운 지역에 있지도 않고, 무지무지 더운 지역에 있지도 않고 사람이 살기에 좋아. 가장 추울 때도 영하 20도 아래로 거의 내려가지 않고 가장 더울 때도 웬만하면 35도 이상으로 올라가지 않아.

12.8도!
그게 우리나라 서울의 평균 기온이야.

가장 추운 1월의 평균 기온이 영하 1.9도, 가장 더운 8월의 평균 기온이 26.1도. 연평균 강수량은 1417.9밀리미터쯤!

우리나라는 온대 기후에 속해. 온대 기후는 가장 추운 달의 평균 기온이 영하 3도~영상 18도 사이에 있는 기후를 일컫는 말이야. 우리나라는 온대 기후라고 사회 시간에 배우지만 그건 너무나 뻔하고 재미없는 지식이라고 생각한 적 없어? 너무나 평범한 환경으로 느껴진다니까.

하지만 이제 생각을 바꿔야 할걸.

온대 기후 지역은
지구의 대륙에서 겨우
이만큼이야!

지구의 대부분은 너무 춥거나 너무 덥거나 너무 건조한 지역이야.
온대 기후에 사는 우리는 아주 운이 좋은 거야. 그러니까 여름에
덥다고 칭얼대지 말고, 겨울에 춥다고 투덜대지 말고!
그런데 생각을 죽죽 넓혀 봐. 태양계 행성에서는 어떨까? 아니, 태양계
너머 외계 행성에서는 어떨까?

우리 우주에 온대 기후를 가진 행성이 얼마나 될까?

우리은하에는 수십억 개의 외계 행성이 있는데 과학자들은 지금까지
발견된 4,000개 정도의 외계 행성 중에 겨우 49개 정도만이 생명체가
간신히 존재할 수 있는 온도의 행성으로 추정해. 그런데 49개 행성
중에 온대 기후를 가진 행성은 하나도 없어.
드넓은 바닷가 모래밭을 상상해 봐. 모래알 1개가 행성 1개야.
그중에 온대 기후에 속하는 모래알은 그 많은 모래알 가운데 겨우
2~3개뿐일지도 모른다는 거야. 아니, 어쩌면 지구 모래알 1개뿐일지도!
이제 알겠어? 우리가 얼마나 특별한 곳에서 살고 있는지? 봄, 여름,
가을, 겨울이 있는 것이 얼마나 특별한 일인지 말이야.

하지만 이것도 알아야 해. 드넓은 지구에 온대 기후가 있는 지역이 얼마 되지 않는 것처럼 기나긴 지구의 역사에서도 온대 기후는 드물었다는 거야.

그거 알아? 1만 2000년 전에 지구는 몹시 추웠고, 지구의 절반이 얼음으로 덮여 있었어. 바닷물이 얼음이 된 덕분에 해수면이 낮아져서 아시아 끝에서 아메리카 대륙으로 걸어서 건너갈 수 있을 정도였어.

지구는 다행히도 차츰차츰 따뜻해지고 빙하가 물러갔어. 세계 곳곳에 빙하가 머물렀던 흔적과 북극과 남극에 거대한 얼음덩어리를 남기고 말이야. 그때가 바로 인류 문명의 신석기 시대에 해당해.

그 뒤로 지구의 대륙은 크게 열대 기후와 건조 기후, 온대 기후, 냉대 기후, 한대 기후 지역으로 구분되었어. 온대 기후 지역에서 인류는 벼와 밀, 옥수수 농사를 짓기 시작해. 식량이 늘고, 사람들이 모여 살고, 도시가 생겨나게 되었어.

1만 년쯤 전에 세계 인구는 약 400만 명이었다고 추정되고 있어. 농사를 짓기 전에 말이야. 하지만 농사를 짓기 시작하고 얼마 뒤 7000년쯤 전에는 500만 명, 3000년쯤 전에는 5,000만 명으로 불어났어.

3000년쯤 전에 중국의 황허 지역에 살던 농부의 모습이
돌판에 그림으로 남아 있어.
소에 쟁기를 메고 끌며 밭을 갈아.

지금도 사람들이 가장 많이 모여 사는 지역은
온대 기후 지역이야!

라 도가나(세관), 베네치아
폴 시냐크, 1923년, 개인 소장

지중해는 소금 사막이었어

베네치아에 가 보았어?

베네치아는 이탈리아 북쪽에 있는 조그만 섬이야. 알프스에서 내려온 강이 지중해 바다와 만나는 곳에 있어.

베네치아는 '물의 도시'로 유명해.

먼 옛날 로마인들이 야만족에 쫓겨 해안 끝까지 도망을 쳤는데, 바로 베네치아가 바라보이는 곳이야.

쫓겨 온 사람들이 얕은 바다 아래 진흙과 모래 속에 나무 기둥을 박아 넣고 점토를 부어 단단하게 굳힌 다음, 돌판을 깔고 그 위에 집을 세웠다는 거야.

그렇게 마을이 점점 커지고 도시가 되었어. 훗날 세상에서 가장 아름다운 수상 도시가 되었어!

바로 바로 폴 시냐크의 그림 속에 있는 풍경이야.

폴 시냐크는 어렸을 때 프랑스 파리의 몽마르트 언덕에서 살았는데 거리에 넘쳐 나는 화가와 모델, 화상들을 보며 자랐어. 17세 때 모네의 전시회를 관람하고 화가가 되기로 결심했다는 거야.

폴 시냐크는 그림 다음으로 여행을 좋아했어. 화가 폴 시냐크의 취미는 항해야. 항해를 너무 좋아해서 결혼한 다음에는 프랑스 남부의 작은 항구에 집을 마련했지. 집 가까이에서 언제든지 배를 타고 떠날 수 있게 말이야. 프랑스의 항구를 구석구석 여행하고 이탈리아, 네덜란드, 멀리 튀르키예까지 항해를 떠났어.

1923년, 폴 시냐크는 베네치아를 항해하고 〈라 도가나(세관), 베네치아〉를 그렸어. 방금 항해를 마친 듯, 항구에 돛을 접은 배가 묶여 있고, 그 뒤로 보이는 건물이 바로 세관이야. 베네치아에 동서양의 진귀한 물건들이 모두 모여들었기 때문에 물건들에 세금을 매기려고 항구에 이렇게 커다란 세관이 있었어.

그림 속 계절은 가을이야. 울긋불긋 나무들은 단풍 물이 들었고, 운하에도 베네치아의 가을 풍경이 그대로 물들어 있어. 하늘에도 운하에도 소용돌이치는 핑크빛 구름을 좀 봐.

폴 시냐크는 붓으로 쓱쓱 칠하는 대신 콕콕 점을 찍듯이 캔버스에 물감을 찍어 풍경을 완성했어. 그것만으로 운하에 반짝거리는 물결이 느껴져. 노을빛이 느껴져.

베네치아와 우리나라는 비슷한 위도에 있어. 그래서 사계절이 있지만
기후가 달라.
여름이 우리나라보다 시원하고 건조해. 겨울은 따뜻하고 축축해.
여름에 비가 오지 않고 겨울에 비가 더 많이 와. 겨울에도 기온이
영하로 내려가지 않아서 눈을 보기 힘들어.
스페인, 모로코, 리비아, 이집트, 프랑스, 이탈리아, 그리스,
튀르키예…… 지중해 주변에 있는 나라들이 대부분 이런 기후야.

지도를 봐.
지중해는 3개의 거대한 대륙으로
빙 둘러 있어.

지중해의 아래쪽은 아프리카 대륙으로 가로막혀 있어. 위쪽은 유럽
대륙으로 막혀 있고, 동쪽으로는 아시아 대륙으로 막혀 있어.
지도를 멀리서 보면 지중해는 바다가 아니라 거대한 호수로 보일
지경이라니까!
지중해가 바다인 까닭은 지중해 서쪽 끝에 간당간당 좁다란 지브롤터
해협을 통해 드넓은 대서양 바다와 연결되어 있기 때문이야!

거대한 대륙들의 한가운데에
바다가 있다니,
이상하지 않아?

먼 옛날, 아니 아니, 지구의 역사에서는 그렇게 오래되지 않은 옛날이야. 지금부터 590만 년 전, 지중해는 바다가 아니라 호수였어!

무슨 일이 일어난 걸까?

600만 년 전, 아프리카 대륙이 점점 더 북쪽으로 올라와 유럽 대륙과 부딪혀 간당간당하던 지브롤터 해협이 닫히고 말았어. 남극의 바다까지 꽁꽁 얼어붙어 지구의 바다는 해수면이 지금보다 훨씬 낮았어. 지브롤터 해협의 바닥이 육지로 드러나고 대서양과 지중해가 뚝 끊어져 버렸어.
대서양으로부터 더 이상 바닷물이 흘러들지 않게 된 지중해는 바닷물이 급속히 말라 소금 사막으로 변해 버렸어. 기온이 섭씨 80도에 이르고 땅이 쩍쩍 갈라져, 60만 년 동안 지중해는 군데군데 짠 호수가 있는 거대한 사막 지대였다는 말씀.
다행히도 꽁꽁 얼어붙었던 남극의 바다가 다시 녹았어. 불어난 바닷물이 나지막한 지브롤터를 문턱 삼아 넘쳐흘러. 대서양에서 엄청난 바닷물이 지중해로 밀려 들어와. 과학자들이 지구 역사상 가장 큰 대홍수라고 부르는 이때에 지중해의 해수면이 하루에 10미터씩 높아졌다는 거야.

바닷물이 어찌나 빠르게 높아졌던지, 쩍쩍 갈라졌던 지중해 소금 사막에 바닷물이 거의 다 채워지는 데 겨우 2년밖에 걸리지 않았다는 거야!
대서양의 바닷물이 갑자기 지중해로 흘러들어 가면서 전 세계의 바닷물 높이가 고르게 10미터나 낮아졌을 정도야.
그거 알아?

아프리카 땅이 지금도 눈곱만큼씩 북쪽으로 이동하고 있어!

지브롤터 해협이 다시 막히는 일이 언제 일어날지 아무도 몰라. 그때에는 사람들이 푸른 바다, 부드러운 바람을 맞으러 지중해로 가지 않을걸. 바닷물이 말라붙어 뜨거운 사막으로 변해 가는 모습을 보러 가게 될지도.

얼음 바다
프리드리히, 1823~1824년, 함부르크 미술관

북극에 얼음이 사라진다면……

헉! 너무 뾰족해. 무시무시하게 치솟은 얼음덩어리를 봐.
여기는 사람이 살지 않는 곳, 북극해야. 바다가 꽝꽝 얼어붙어 있어.
차가운 기운이 그림 밖에까지 흘러나오는 것 같아. 하늘도 공기도
쨍하게 얼어붙었어.
앗, 오른쪽에 부서진 배의 끄트머리가 보여. 배가 난파되어 차가운
바닷물에 잠겨 버렸어. 사람들은 모두 어떻게 되었을까? 무슨 이유로
이렇게 무시무시한 얼음 바다를 지나가던 중이었을까?
비명 소리도 이미 사라지고, 사람들도 보이지 않아. 이곳에 어떤
무시무시한 일이 있었는지 상관없다는 듯이 얼음 바다는 차갑고
고요하기만 해.
독일의 화가 프리드리히가 그린 〈얼음 바다〉야.

프리드리히는 눈앞에서 본 듯 그림을 그렸지만 북극해에는 한번도
가 보지 못했어. 하지만 영국의 해군 장교가 쓴 극지방 항해기를
읽었는데, 지구의 최북단 북극해에서 배가 얼음덩어리에 끼이는
사고를 당하는 장면이 나와. 프리드리히는 상상만으로 그림을
그리기로 해.

프리드리히는 먹고 자고 쉬고 걷고 일하는 것 같은 사람들의
일상적인 모습에는 관심이 없었어. 가끔 사람을 그리기도 했지만
대자연을 바라보는 뒷모습만 작게 등장시켰을 뿐이야. 프리드리히는
그림을 그릴 때마다 웅장하지만 가차 없는 대자연 앞에서 인간이
얼마나 보잘것없는 존재인지 이야기하고 싶어 했어.

프리드리히의 일생에는 고통스럽고 슬픈 일이 많았는데 어려서
어머니를 잃었고 누나도 전염병에 걸려 죽었어. 13세 때에는
얼어붙은 강 위에서 스케이트를 타다 얼음물에 빠지는 사고를
당했어. 프리드리히는 살아났지만 옆에 있던 동생이 프리드리히를
구하고 대신 목숨을 잃고 말았어. 그뿐이 아니야. 나이가 들어서는
가장 친한 친구가 강도에게 죽임을 당했어.

얼마나 힘들었을까? 혹시 저주받은 인생이라 생각하지는 않았을까?
하지만 프리드리히는 꿋꿋하게 그림을 그려.

〈얼음 바다〉는 지금 독일 함부르크 미술관에 전시되어 있어. 하지만
프리드리히가 살아 있을 때에는 누구에게도 팔리지 못한 그림이었어.

이런 그림이 거실에 걸려 있다면 마음이 편하진 않겠지?
프리드리히의 그림은 점점 사람들에게 잊혀졌다가 20세기 말이
되어서야 새롭게 주목받고 있어.
그림을 다시 볼래?
얼음 조각들은 날카롭기 그지없고, 난파된 배의 잔해가 얼음 바다에
묻혀 있고……. 우울한 그림이야. 하지만 얼음 조각에서 눈을 돌려
하늘을 봐. 구름을 헤치고 햇살이 비치고 있어.

**프리드리히는 상상 속에서
북극해를 그렸지만
몹시 가 보고 싶었을 거야.**

대자연의 위엄과 웅대함에 흠뻑 빠지고 싶다면 북극으로 가야 해.
하지만 북극으로 가는 길에 먼저, 너무 추워 나무도 살 수 없는
초원을 지나게 될 거야. 툰드라 지대라고 부르는데 거기서부터 한대
기후에 속해. 툰드라 지대는 지표면 아래로 땅이 1년 내내 얼어붙어
있는 곳이야. 하지만 여름에는 윗부분이 살짝 녹고 이끼와 풀이 자라.
너무 추워 동물들도 없을 것 같지만 순록과 레밍, 북극여우, 북극토끼,
흰올빼미가 살고 있어.

아기 북극여우들이 굴속에
숨어 있어.

엄마 북극여우가 사냥을 나갔어.
무엇을 잡아 올까?

툰드라를 지나 더 위쪽으로 올라가면 북극해가 나와. 차가운 바다와
온전히 얼음뿐인 세상이야.
여기는 평균 기온이 무려 영하 40도야. 바다표범을 잡고 살아가는
이누이트도 살지 않고, 이끼마저 자라지 않고, 오로지 시리게 푸른
바다 위에 거대한 해빙이 떠 있을 뿐이야.

북극에는 땅이 없어!

남극은 대륙 위에 눈과 얼음이 덮여 있는 곳이지만 북극은 바다 위에
두께가 2~3미터쯤 되는 얼음이 둥둥 떠 있는 곳이야. 북극 바다의
얼음은 눈이 얼어서 된 게 아니라 바닷물이 얼어서 된 거야. 그래서
빙하가 아니라 해빙이라고 불러.

여름이 되면 해빙이 녹으면서 바다가 드러나. 다시 겨울이 되면 바다
표면에 얼음 결정이 생기기 시작해. 처음에는 작은 원 모양이었다가
점점 커지면서 바다를 덮어. 해빙은 여름철에는 줄었다가 겨울이
되면 다시 두꺼워져. 여름철에 녹지 않고 남아 있던 해빙은 겨울이
되면 더 두꺼워져.

그렇게 북극의 얼음은 여름에 조금 녹았다가 겨울에 다시 얼어붙기를
수백만 년 동안 반복해 왔어.

지구본을 들고 위에서 내려다봐.
여기가 북극해야!

하지만 큰일이야. 30년쯤 뒤에는 여름에 북극에서 해빙을 볼 수
없을지 몰라! 30년 만에 여름철 해빙이 절반으로 줄어들었어. 면적만
줄어든 게 아니야. 두께도 얇아졌어!

해빙은 그저 바다에 떠 있는 뚱뚱하고 딱딱한 얼음덩어리가 아니야.
얼음 결정이 만들어질 때 작은 틈들이 생기고, 거기에 작은
미생물들이 자리를 잡고 살아. 해빙에 붙어사는 규조류는 크릴새우의
먹이가 되고 크릴새우를 먹으러 고래와 물고기, 바다표범이 모여들어.
북극곰이 바다표범을 먹고 살아.

북극곰은 해빙이 사라지면 육지에서 지낼 수밖에 없어. 커다란
바다표범 대신 새알이나 열매, 풀, 벌레 따위를 먹으면서 말이야.
과학자들이 2019~2022년 여름에 북극곰을 조사해 보았는데
몸무게가 하루에 1킬로그램씩 줄어들었다는 거야. 북극곰들이 뼈가
앙상하게 보일 정도로 삐쩍 말라 가고 있어.

해빙이 줄어든다는 건 지구가 위험해지고 있다는 신호야. 해빙은
우주에서 날아오는 태양빛을 반사시켜 지구의 기온이 높아지지 않게
막아 줘. 옛날에 광부들은 산소가 얼마나 부족한지 알기 위해
카나리아를 새장에 넣어 탄광 아래로 내려갔는데 기후학자들은
북극의 해빙이 탄광의 카나리아와 같다고 말해.

몇십 년 뒤 어느 날, 뉴스 기자는 북극의 마지막 얼음을 취재하며
눈물을 흘릴지 몰라.

빌뇌브 라 가렌의 다리
시슬레, 1872년, 메트로폴리탄 박물관

내일도 하늘이 맑을까?

오래된 돌다리 아래로 강물이 반짝이며 흘러가고, 강둑에는 그림같이 예쁜 집들이 있어. 하늘에는 솜털 구름이 떠가고 있네. 혹시 동화책 속의 한 장면이 아닐까?
끼익! 벽돌로 된 2층집의 초록 대문이 열리고 예쁜 소녀가 나올 것 같아.
여기는 프랑스의 작은 마을 빌뇌브 라 가렌이야.
〈빌뇌브 라 가렌의 다리〉는 프랑스에서 태어나 프랑스에서 살다 간 영국 화가 시슬레의 그림이야. 가난하기만 한 시절이었는데도 행복한 느낌이 전해져. 시슬레는 부잣집 도련님으로 태어났지만 아버지가 세상을 뜨고 가문의 사업도 망해 지원이 끊긴 뒤에는 몹시 힘들게 살았어. 시슬레의 그림은 살아 있을 때도 죽어서도 잘 팔리지 않았어.

그림이 아름답고 평화롭기만 해서 몹시 평범하다는 거야. 하지만
훗날 시슬레는 유명한 화장품 브랜드의 이름이 되었는데, 화장품
회사의 창업자가 시슬레의 순수하고 아름다운 그림을 좋아해서
화가의 이름을 따 브랜드명을 지었다는 거야. 발음하기 좋게
시슬리라고 살짝 바꿔서 말이야.
성공하지는 못했지만 아름답고 따뜻한 그림을 남긴 시슬레를
생각하면서 다시 그림을 봐.
오늘은 날이 정말 화창해. 공기도 깨끗하고. 강둑에 앉아 하늘을
하염없이 쳐다봐도 좋은 날이야. 앗, 누군가 벌써 강둑에 앉아 있잖아.
다리 그늘 아래 처녀와 총각이 나란히 앉아 데이트를 하고 있네.
하지만 뭐, 모른 척하고 옆에 슬쩍 누워 하늘을 봐. 맑은 하늘에 구름
몇 개가 떠가고 있어.

구름의 이름을 몇 개쯤 알고 있어?

뭉게구름, 양떼구름, 먹구름, 새털구름…… 하고 몇 개라도 말한다면
대단한걸. 《국제 구름 도감》에는 지금까지 구름 종류 150개가
정리되어 있어.

구름은 크게 3가지로 분류해. 수북이 쌓인 모양의 쌘구름, 겹겹이 층진 층구름, 성기게 흩어진 모양의 털구름. 구름이 어떤 모양이든 대부분 이 중 하나에 속하는데 렌즈구름은 쌘구름에 속해.

구름의 종류는 점점 늘어날 거야. 지금도 구름을 사랑하는 사람들이 지구 곳곳에서 사진을 찍어 세계 기상 기구에 보내고 있거든.

*내가 찍은 사진이
구름 도감에 실리면
기분이 얼마나 좋을까?*

날씨가 맑음과 흐림을 구분하는 건 기온도 아니고 습도도 아니고 구름의 양이야. 기상청에서는 하늘에 구름이 0~50퍼센트이면 '맑음', 구름이 60~80퍼센트 정도이면 '구름 많음', 구름이 90~100퍼센트이면 '흐림'이라고 해.

오늘은 날씨가 화창하지만 내일도 날씨가 맑을까? 혹시 먹구름이 생겨나고 비가 올까? 일기 예보가 없을 때 사람들은 뼈마디가 쑤시는지 살피거나 새와 개구리, 개미의 행동을 관찰했어. 1850년대에 이르러 최초로 데이터를 이용해 과학적으로 일기 예보를 한 사람이 나타났어. 지질학자이자 지리학자, 기상학자면서 직업은 해군 장교인 로버트 피츠로이야.

로버트 피츠로이는 해군을 그만두고 기상 국장이 되었는데 최초로
예보라는 단어를 만들었어. 피츠로이는 런던에 기상국을 설립하고
15군데 지역에 전신국을 개설했어. 곳곳에서 얻어진 날씨 관측
정보는 전신국을 통해 매일 아침 8시에 기상국으로 보내져. 전보는
전화가 발명되기 전에 쓰이던 통신 수단인데, 소리가 아니라 전신을
통해 모스 부호를 주고받는 거야. 전신국에서 전보로 소식을 보내면
기상국에서는 자료를 종합해 일기 예보를 만들고 다시 지역의
전신국에 전보를 쳐. 당시에는 획기적인 방식이었지만 예보가 조금만
빗나가도 사람들은 비난을 퍼부었어. 피츠로이는 우울증에 걸렸고,
스스로 목숨을 끊고 말았어.

1950년대까지도 일기 예보 시스템은 24시간보다 더 먼 미래의
날씨는 예보하기 힘들었어. 겨우 내일의 날씨도 제대로 알기
어려웠다는 말이야. 과학이 이렇게 발달한 지금도 미래의 날씨를
정확하게 알아내는 건 아주아주 어려운 일이야. 컴퓨터의 연산
속도는 1~2년마다 2배 정도씩 빨라지고 있는데 지난 10년 동안 일기
예보는 겨우 하루 치를 더 예측할 수 있게 되었어. 10년 전에 5일 치를
예보할 수 있었다면 지금은 6일 치를 예보하게 되었다는 이야기야.
그래도 일기 예보가 조금씩 나아지고 있는 건 빅 데이터가 쌓이고,
과학자들이 조금씩 더 정확한 예보 모델을 만들고, 슈퍼컴퓨터가
놀라운 속도로 계산을 하고 있기 때문이야.

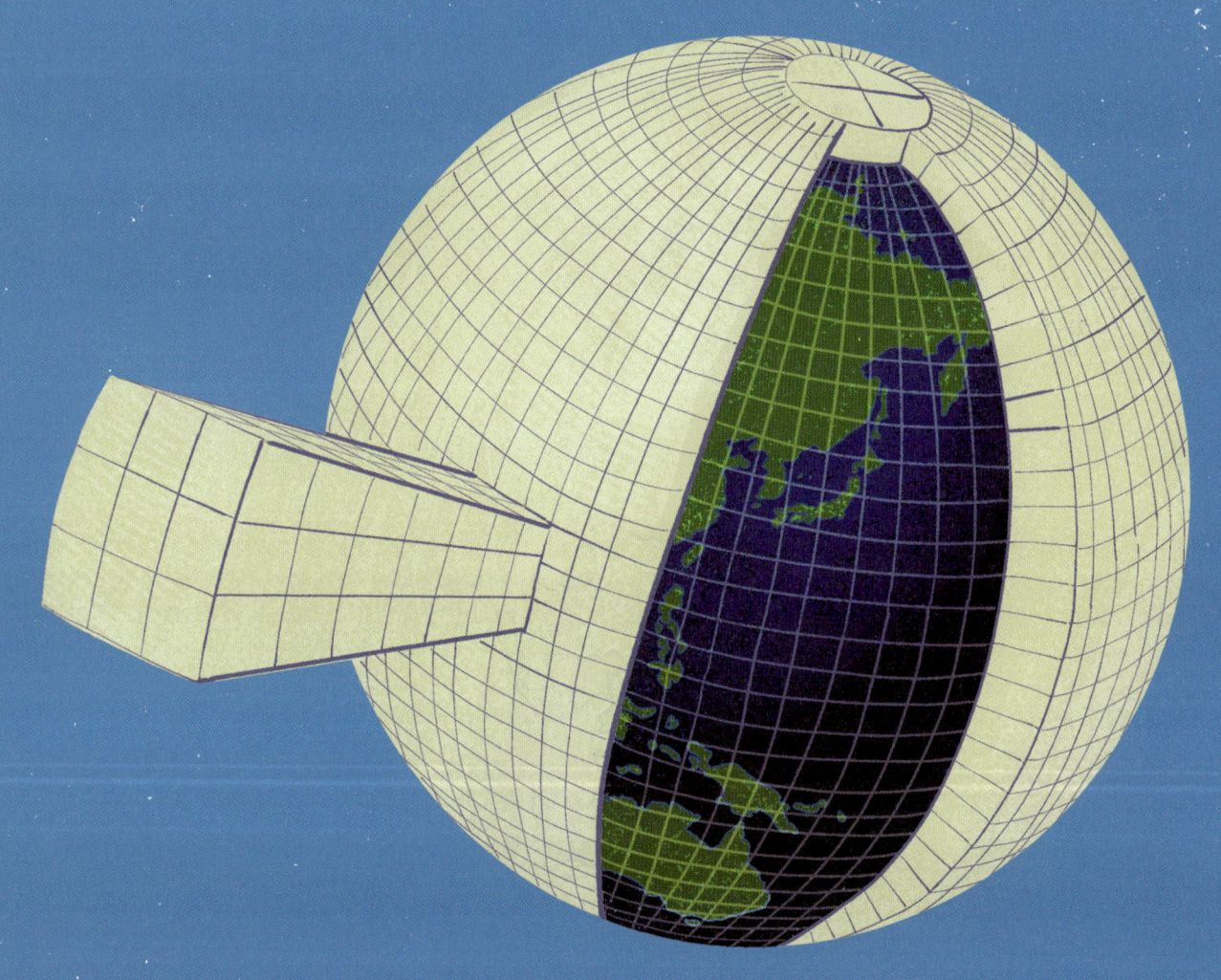

지구를 이렇게 가로세로
거대한 격자 모양으로 나누고
데이터를 모아.

먼저 기상 위성과 첨단 관측 장치로 각 지역의 온도, 습도, 풍속과 풍향, 강수량, 구름 양, 구름 높이, 안개…… 날씨에 관해 관측할 수 있는 모든 것을 관측해. 슈퍼컴퓨터가 방대한 기상 데이터를 분석하고, 수치 예보 모델을 이용해 어마어마한 계산을 해. 수치 예보 모델은 미래의 날씨를 예측하기 위해 만들어진 컴퓨터 프로그램인데, 대기 운동을 지배하는 수많은 방정식으로 이루어져 있어. 방정식과 슈퍼컴퓨터의 도움으로 격자 하나가 이웃 격자에 어떤 영향을 미치는지 계산하는 거야.

하지만 틀림없이 정확한 날씨 예측이란 없어. 미래에도 불가능할 거야.

마당에서 휴지 한 장을 후 불면 어디에 떨어질지 예측하는 걸 일기 예보라고 해 봐. 10초 뒤에 휴지가 어디에 떨어질지도 정확하게 예측할 수 없어. 이렇게 작은 공간에서도 바람, 콧김, 손놀림같이 무언가가 아주 조금만 달라져도 휴지의 움직임이 변해 버려. 날씨도 마찬가지야. 컴퓨터는 방대한 계산을 하는데, 초기의 데이터값이 눈곱만큼만 달라져도 완전히 다른 결과가 나오게 돼. 그래서 정확한 일기 예보는 거의 불가능하다는 거야.

그래도 놀라워. 머나먼 우주로 우주선을 보내기보다 일주일 뒤 일기 예보를 정확하게 하기가 훨씬 더 어렵다니 말이야.

파리의 거리, 비 오는 날
카유보트, 1877년, 시카고 아트 인스티튜트

언제부터 지구에 비가 왔을까?

여기는 150년 전 파리의 거리야.
석회암으로 지은 건물들과 돌을 깎아 만든 보도블록 위로 부슬부슬
비가 내려. 신사와 숙녀들이 회색빛 우산을 쓰고 천천히 걸어가고 있어.
아직 합성 섬유도 비닐도 발명되지 않았을 때인데, 무엇으로 비가 새지
않게 우산을 만들었을까?
이 그림이 전시회에 출품되었을 때 비평가들은 많이 놀랐어.
마치 다른 그림을 나란히 붙여 놓은 것 같다고 말이야. 게다가 왼쪽에는
사람들 크기가 작고, 그에 비해 오른쪽에는 우산을 든 신사와 그 옆에
팔짱을 낀 부인은 너무 크다는 거야.
'구도가 이상해, 이상해.' 하면서 비평가들이 비난을 했다는데, 그림이
이상한 걸까? 비평가들이 이상한 걸까?

아무리 봐도 비평가들이 이상해!

영화의 한 장면처럼 멋있게 보이는 그림이기만 한걸. 카유보트가 그린 〈파리의 거리, 비 오는 날〉이야.

카유보트는 화가보다는 미술 수집가로 유명했어. 막대한 유산을 상속받아서 가난한 화가 친구들의 그림을 많이 사 주었거든.

카유보트의 그림은 그가 죽고 몇십 년이 지나서 그 대담한 구도 때문에 오히려 미술사학자들에게 인정받기 시작해.

이 그림은 지금 미국 시카고의 미술관에 걸려 있어. 크기가 가로 2미터 76센티미터, 세로 2미터 12센티미터로, 직접 보면 진짜 사람 크기의 신사와 숙녀가 코앞에 있는 것처럼 보일 거야. 하지만 그래도 그림이 답답하지 않은 건 신사와 숙녀가 앞을 똑바로 보지 않고 옆으로 시선을 향하고 있기 때문인데, 관람객들도 두 사람의 시선을 따라 옆으로 눈길을 돌리게 돼.

그러면 넓은 돌 광장이 눈에 들어와.

빗줄기는 보이지 않지만 광장이 촉촉히 비에 젖어 있어.

추적추적 내리는 빗소리가 들리는 것 같아.

빗방울이 보도블록 위에 떨어지는 소리, 우산에 떨어지는 소리, 경사진 지붕 위에 떨어지는 소리……. 비가 떨어지는 곳에 따라 빗소리가 달라.

후드득, 촤라락, 두두둑, 똑 똑 톡토독…….

비는 소리와 감촉뿐 아니라 냄새로도 비가 온다는 걸 알려 줘.

비 냄새를 맡아 본 적 있어?

오랜만에 비가 내릴 때면 향긋한 비 냄새가 나. 흙 냄새 같기도 하고 풀 냄새 같기도 하고, 익숙한 것 같으면서도 독특한 냄새 말이야.

1964년에 과학자들이 비 냄새의 정체를 밝혀냈는데 놀랍게도 땅속 세균이 만들어 내는 냄새였어!

땅속 세균들이 영양분을 분해할 때 지오스민이라는 화합물이 만들어져. 비 냄새란 바로 지오스민 분자가 빗물에 섞여 공중으로 퍼지는 냄새야.

사람은 비 냄새를 아주 잘 맡아. 공기 분자 1조 개 중에 지오스민 분자가 3~4개만 있어도 귀신같이 알아낼 수 있어. 마치 상어가 넓은 바다에서 피 한 방울의 냄새를 맡는 것과도 같은 대단한 능력이야. 이 놀라운 능력은 원시인에게 꼭 필요했을 거야. 물기를 찾는 능력이 있으면 훨씬 더 잘 살아남았을 테니까 말이야.

비는 언제부터 지구에 내렸을까?

까마득한 옛날부터라고?

과학자들은 지구에 맨 처음 비가 내렸을 때를 이렇게 추측해.

언제부터 지구에 비가 왔을까?

지구가 탄생했을 때 지구는 몹시 뜨거웠어. 지구 속에 들어 있던 수분이 수증기가 되어 하늘로 올라갔고, 하늘에 엄청나게 모여 있다가 지구가 조금 식기 시작했을 때 폭우가 되어 퍼붓기 시작했어. 지구가 탄생하고 그만한 홍수가 없었는데, 수백 년 동안 퍼부었을지도 몰라. 이윽고 지구 표면의 3분의 2를 평균 3,700미터 깊이로 덮는 거대한 바다가 되었다는 거야.

수십억 년 전부터 지금까지, 바다와 강물 표면에서 물이 수증기가 되어 하늘로 올라가고, 수증기가 구름이 되고, 구름에서 비가 내리는 일이 변함없이 끊임없이 이어져 오고 있어.

지구의 어디에나 비가 와. 사막과 초원, 열대 우림 지역과 추운 침엽수림과 툰드라와 극지방에도.

사막에는 비가 안 온다고?

아니, 비가 내려! 연평균 강수량이 25센티미터 정도일 뿐이지만 분명히 비가 내려.

북극과 남극에는 비가 안 온다고?

천만의 말씀, 눈이 바로 비야. 비가 얼어 있을 뿐이야.

비가 내리지 않는다면 지구에 살고 있는 생물이 몇 가지나 될까?

세균이 조금?

아니, 틀렸어. 세균도 무언가 먹고 살아야지. 동물도 식물도 없다면 세균도 번성할 수 없어!

언제부터 지구에 비가 왔을까?

여름이 오면 아프리카의 사바나 초원에 비가 내려. 여름 우기 동안에 내리는 비로 나무와 풀이 자라고, 코끼리와 기린, 얼룩말, 영양 들이 살아가.

비는 인류의 생활에 아주 소중했기 때문에 어느 나라든지 비를 부르는 예쁜 이름들이 있어. 안개비는 안개처럼 조용히 내리고 빗방울이 너무 작아 잘 보이지 않는 비야. 이슬처럼 내린다는 이슬비는 안개비보다 빗방울이 조금 더 커. 가랑비는 가늘게 내리는 비를 두루 이르는 말이야. 보슬비라고도 해. 장대비는 장대처럼 굵고 거세게 내린다고 장대비야. 여우비는 볕이 나 있는 날 잠깐 동안 오다가 그치는 비, 소나기는 갑자기 세차게 쏟아지는 비를 말해.

그거 알아?
바다보다 육지에 소나기가 더 많이 내려.

이상해. 바닷물이 많이 증발하니까 바다에 소나기가 훨씬 더 많이 퍼부을 것 같은데 말이야. 하지만 육지가 언제나 바다보다 더 빨리 따뜻해진다는 걸 알아야 해. 육지에서는 습하고 따뜻한 공기가 빠른 시간에 높이 올라가며 먹구름이 더 자주 생겨.

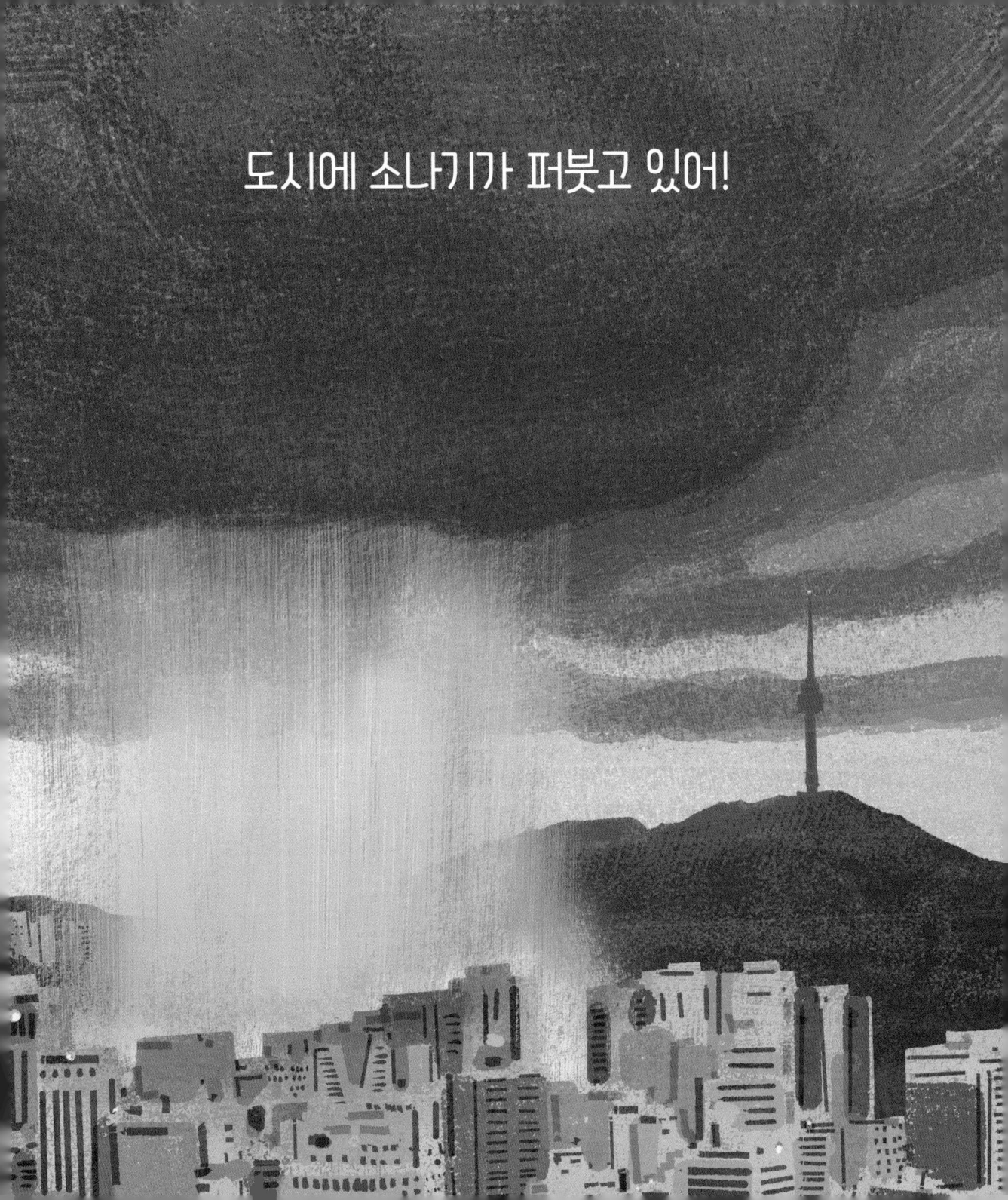

세찬 비가 내리는 지역에는
나뭇잎이 뾰족한 나무가 많아.
끝이 뾰족한 잎사귀들은
빗물을 더 효율적으로 흘려보낼 수 있어.
똑똑, 똑똑, 똑, 똑……

한바탕 비가 내리고 나면 길을 걸어갈 때 조심해야 해.
자칫 지렁이를 밟을지도 몰라.
비가 오고 나면 지렁이가 땅 위로 올라와. 말라 죽을지도 모르는데
왜 죽음을 무릅쓰고 올라오는 걸까?
옛날에 사람들은 비가 올 때 지렁이가 땅속 굴에 남아 있다가 물에
빠져 죽을 수도 있기 때문이라고 생각했어. 하지만 지렁이는 그렇게
쉽게 익사하지 않아. 지렁이는 물에 잠겨서도 며칠 동안 생존할 수
있는데 코로 숨을 쉬는 대신 피부로 숨을 쉴 수 있기 때문이야. 피부로
물속에 녹아 있는 산소를 흡수할 수 있어.
어쩌면 지렁이가 비 온 뒤에 땅 위로 올라오는 것은 멀리 이동할 수
있기 때문일지 몰라. 땅이 축축해서 말라 죽을 위험이 없거든.
하지만 어느새 비가 그치고 땅이 말라 버리면 지렁이는 미처
땅속으로 돌아가지 못하고 죽고 말아.
또 다른 이유는 빗소리가 두더지 소리와 닮았기 때문이라는 거야.
빗소리가 두더지 소리인 줄 알고 놀라서 땅 위로 도망친다는 말씀.
하지만 어느 게 맞는지 동물학자도 아직 몰라.

네덜란드 마을 위의 폭풍 구름
게오르그 길리스 반 하넨, 1849년, 팔레 도로테움

폭풍이 온다!

하늘을 봐.

먹구름이 잔뜩 끼었어.

거센 비가 쏟아질 것 같아.

아니, 잠깐. 한쪽에는 햇빛이 환하게 비치고 있는데?

구름을 뚫고 내려오는 햇살 줄기가 보이는 것 같지 않아?

남자와 아이, 개 1마리가 걸어가고 있어.

앞에 보이는 돌집으로 가고 있는 걸까? 폭우가 무섭게 쏟아져도

끄떡없어 보이는 튼튼한 집이야.

하지만 집이 훨씬 멀지도 몰라. 호수를 돌아 저 멀리 마을 어딘가로

가야 할지도.

비가 쏟아지기 전에 도착해야 할 텐데…….

아직은 시간이 있을 거야. 바람이 잔잔하잖아.

하지만 그건 아무도 몰라. 먹구름이 하늘을 덮고 우르릉 쾅! 순식간에 세찬 폭풍우가 덮쳐 올지. 한가운데 있는 크고 검은 나무가 불길한 느낌을 더해 줘. 호수의 물결도 이상하리만큼 고요해.

네덜란드의 화가 게오르그 길리스 반 하넨이 그린 〈네덜란드 마을 위의 폭풍 구름〉이야. 하넨은 평화로운 시골 풍경을 많이 그린 화가이지만 이 그림은 평화롭지만은 않아.

하넨은 구름을 그릴 때 알았을까? 몰랐을까?

아직은 파란 하늘이 보이고 구름도 뭉게뭉게 폭신하게도 보이지만 정말은 아주 위협적인 폭풍 구름으로 자라고 있는 중이라는 걸.

구름의 위쪽을 봐. 평평하지 않고 볼록볼록해!

그건 구름이 이렇게 이야기하는 거야.

'나는 계속 계속 두텁게 위로 자라고 있는 중입니다!'

폭풍 구름의 기세가 점점 커져 가게 될 거라는 거야.

폭풍우를 몰고 오는 구름의 정식 이름은 쌘비구름이야. 이름만 들어도 센 비를 몰고 오는 무시무시한 구름 같지 않아?

쎈비구름은 막대한 수증기가 상승 기류를 타고 순식간에 올라갈 때 탄생해. 수증기가 계속 계속 위쪽으로 올라가 두텁고 키가 큰 구름이 돼. 쎈비구름의 '쎈'도 바로 구름이 두텁게 쌓였다는 뜻이야.
쎈비구름은 키가 아주 커. 쎈비구름에 비하면 다른 구름들은 납작한 부침개로 느껴질 정도야.

거대한 쎈비구름은 에베레스트산보다 키가 커!

지구 최고의 산에 맞먹는 게 있다면 바로 바로 쎈비구름이라니까.
쎈비구름 속에는 100만 킬로그램이 넘는 물이 들어 있어.
코끼리 1마리 무게가 5,000킬로그램쯤이야. 헐! 코끼리 200마리가 하늘에 떠 있다고 상상해 봐.
쎈비구름은 그렇게 무거운데도 하늘에 떠 있어. 구름 입자들이 강력한 상승 기류를 타고 1초에 10미터 이상으로 아주 빠르게 상승하고 있기 때문이야. 그 힘이 아래로 떨어지려는 중력보다 더 세다는 거야.
쎈비구름은 수많은 구름 중에 가장 요란한 구름이야. 장대비를 퍼붓고, 폭풍이 불거나 우박을 쏟아붓고, 번개와 천둥으로 세상을 놀래키기도 해.

거대하고 위협적인 쌘비구름은
원자 폭탄보다 더 많은 에너지를 품고 있어.

번개의 온도는 무려 3만 도야.
태양 표면보다 더 뜨거워!

구름이 그렇게
무시무시해질 수 있다고?

그렇다니까. 구름의 힘이 배를 부수고, 방파제를 무너뜨릴 수 있어.
태풍과 허리케인이 바로 쎈비구름에서 생겨나.
태풍과 허리케인은 열대의 따뜻한 바닷물이 빠르게 증발하며 하늘로
올라가 어마어마한 구름이 된 거야. 기압에 관한 물리 법칙에 따라
구름이 휘몰아치며 강풍을 몰고 와. 태풍은 바람의 세기에 따라
5등급으로 나뉘는데, 가장 센 5등급 태풍은 시속 252킬로미터가 넘어.
1959년에 우리나라를 관통한 '사라'는 한반도에 기상 관측이 시작된
이래로 최악의 태풍이었어. 사망하거나 실종된 사람이 무려
1,000명이 넘고 부상자가 수천 명, 이재민이 수십만 명에 이르러.
그때의 피해를 지금 가치로 환산하면 무려 6,000억이 넘어.
태풍과 허리케인은 바다에서 생겨나지만 토네이도는 육지에서
발생해. 《오즈의 마법사》 이야기를 알아? 도로시와 허수아비와 깡통
나무꾼과 겁쟁이 사자의 모험 이야기 말이야. 도로시를 오두막과
함께 이상한 나라 오즈로 날려 보낸 바람이 바로 토네이도야. 하지만
동화 속 이야기가 아니라 현실 속에서 토네이도에 휩쓸렸다면
오두막도 산산조각이 나고 물론 도로시도 무사하지 못했을 거야.

회오리바람이 불어오고 있어.
토네이도야!

겨울
쉬시킨, 1890년, 러시아 미술관

눈은 숲의
담요 같아

눈이 내렸어. 온통!
키가 큰 나무들이 죽죽 뻗어 있어. 어찌나 키가 큰지 나무 위쪽은
그림에 나오지도 않아. 늘어진 나뭇가지마다 소복소복 휘청휘청 눈이
쌓여 있어. 나뭇가지 몇 개는 눈의 무게를 이기지 못하고 떨어져
버렸어. 그 위에도 눈이 소복하게 쌓였어.
그런데 정말 물감과 붓으로 그린 게 맞을까? 사진보다 더 놀라운,
가슴이 서늘해지는 아름다운 유화 그림이야.
여기는 러시아의 겨울 숲이야. 러시아의 화가 쉬시킨은 이 세상에
쉬시킨보다 더 숲을 잘 그릴 화가는 없다며 숲의 황제, 숲의
시인이라고 불렸어. 하지만 친구들은 고독한 참나무, 늙은 소나무라며
친근한 별명으로 불렀어.

쉬시킨은 누가 보아도 마음 아픈 인생을 살았어. 첫 번째 부인이 죽고, 두 번째 부인도 죽고, 두 아들도 먼저 세상을 떠나고 말았어. 그림을 그리지 못하고 기도밖에 할 수 없던 시기도 있었지만 쉬시킨의 그림에는 이상하게도 어둠이나 슬픔이 없어. 대신 위엄과 신비로움, 고요함이 넘쳐. 그래도 쉬시킨의 여러 숲 그림 중에 이 그림 〈겨울〉은 무척 쓸쓸해. 그림 속에 아무도 없어. 누구 하나 다녀간 흔적도 없어. 아니, 무언가가 있어!

화가가 그림 속에 무언가를 숨겨 놓았어.

하지만 진짜로 안 보이게 숨겨 놓은 건 아니야. 그러면 찾을 수 없잖아. 눈을 크게 뜨면 보여. 나뭇가지 위에 있어!
찾았어?
작은 새 1마리를 찾았어?
숲에는 아무도 없고 고요하기만 한데 나뭇가지 위에 보일 듯 말 듯 새 1마리가 있었어!
눈 덮인 숲에 먹을 게 있을까?

열매도 씨앗도 없고, 벌레 1마리 없을 것 같은데…….
아니! 먹을 게 없다면 그렇게 기나긴 겨울을 어떻게 보내겠어.
러시아의 북쪽 숲은 10월 초부터 4월 말까지 눈으로 두껍게 덮여
있는데 말이야.
새는 눈 아래에 고마운 세상이 있다는 걸 알고 있을 거야.
얼어붙은 땅과 눈 사이에 보이지 않는 세상이 있어. 힘든 겨울이
왔지만 먹을 게 완전히 사라진 게 아니야.

열매와 씨앗들이 눈 속에 묻혀 있어!

짐승들에게 먹히지 않고 땅바닥에 떨어진 열매와 씨앗들이야. 쓰러진
풀들과 낙엽도 있어. 꼬물꼬물 낙엽을 분해하는 작은 벌레들이 있어.
두더지와 들쥐들도 눈밭 속에 굴을 파고 돌아다녀.
눈은 겨울 숲을 지켜주는 담요 같아!
이제 막 싹이 난 어린 나무들은 눈에 파묻히지 않으면 칼바람에
얼어죽고 말라죽고 말 거야. 러시아에 내려오는 속담이 있는데, '눈에
덮인 옥수수는 털 망토를 두른 노인처럼 편안하다.'는 거야. 우리도
눈을 덮어쓰면 덜 추울까? 하하!

눈은 숲의 담요 같아

눈은 젖은 종이처럼 물기를 오래 품고 있어서 땅을 촉촉하게 해 줘.
눈이 내리지 않는다면 산불이 나기도 쉬워.
눈이 내리는 날에는 어쩐지 공기도 푸근한 것 같지 않아?
그건 기분이 아니야. 진짜로 그래!
공기 중의 수증기가 얼어서 눈이 될 때 열이 나와 주위를 조금
따뜻하게 해 줘.
하지만 이 세상 어린이들에게 눈이 좋은 건 눈이 좋은 일을 해서가
아니야.
눈이 오면 신나!
눈사람을 만들 수도 있고. 눈싸움을 할 수도 있고, 눈썰매를 탈 수도
있고. 아니, 보기만 해도 좋아.

동물들도 눈이 오면 기분이 좋을까?

아마도 그럴걸. 그건 본능일지 몰라. 눈이 와야 혹독한 겨울을 날 수 있다는 걸 본능이 알고 있는 게 아닐까? 북극곰은 눈이 오고 얼음이 얼어야 사냥을 하고, 늑대는 사슴을 사냥하기가 쉬워. 사슴이 빨리 못 달리니까 말이야. 늑대의 후손인 개도 눈을 좋아해. 토끼는 어떨까? 눈은 비처럼 냄새를 없애 줘. 하지만 대신에 이렇게 발자국을 남겨.

눈은 숲의 담요 같아

하얀 눈밭에 발자국이 선명해.

토끼가 숲에서 나와 어디론가 뛰어갔어.

소복하게 쌓여 있는 눈밭을 보면 뽁뽁 발자국을 남기고 싶은 마음이 들지 않아? 아니 아니, 어떤 발자국도 나지 않고 하얗게만 있기를 바라는 마음도 드는걸. 상상해 본 적 있어? 만약에 눈이 하얗지 않고 시커멓다면? 하늘에서 시커먼 눈이 내리고, 지붕 위에도 운동장에도 시커먼 눈이 쌓여 있는 거야. 헉!

검은색이 되지 말라는 법도 없을 텐데, 눈은 언제나 하얘.

그럴 수밖에 없어. 눈이 얼음 결정으로 되어 있기 때문이야. 얼음 결정이 햇빛을 반사해서 하얗게 보여. 만약에 얼음 결정이 햇빛을 모두 흡수하게 만들 수 있다면 검은 눈도 생길 수 있겠지? 하지만 어떤 과학자가 그런 쓸데없는 짓을 하겠어.

눈 결정을 맨 처음 본 사람은 영국의 과학자 로버트 훅이야. 1665년에 로버트 훅은 자기가 만든 현미경으로 눈 결정을 관찰했어. 놀랍지 않아? 훅은 어떻게 눈을 들여다볼 생각을 했을까?

220년 뒤에는 미국의 소년 윌슨 벤틀리가 현미경에 카메라를 달고 눈 결정 사진을 찍는 데 성공했어. 모두 5,000가지 모양의 눈 결정을 세상에 알려 주었어. 사람들이 깜짝 놀랐어. 이렇게 영롱하고, 섬세하고 아름다운 게 하늘에서 내리고 있다니!

눈이 오는 날은 하늘에서 마치 보석이 떨어지고 있는 것 같아.

눈 속의 사냥꾼(겨울)
대 피터르 브뤼헐, 1565년, 빈 미술사 박물관

소빙하기가 뭐야?

여기는 460년쯤 전 네덜란드의 어느 마을이야.
살을 에는 추운 겨울날이야. 사냥꾼들이 마을로 들어서는데, 걸음을
디딜 때마다 눈밭에 발목까지 푹푹 빠져. 남자들 셋과 10마리도 넘는
사냥개들이 사냥을 나갔다 돌아오는 길이지만 사냥감이 너무 초라해.
왼쪽 사냥꾼의 어깨를 봐. 겨우 작은 여우 1마리가 매달려 있을
뿐이야. 가족들에게 미안한 마음에 사냥꾼들의 고개가 수그러져.
사냥꾼들 옆으로 허름한 여관이 보여? 칼바람에 간판이 떨어져
덜렁거리고, 그 아래에서 사람들 몇몇이 모닥불을 피우고 있어.
이 마을에서는 해마다 1월쯤에 돼지를 잡아 돼지털을 불에
그을리는데 지금 바로 그걸 하고 있는 거야.
언덕 아래로 키 큰 나무 4그루가 이어져. 나무를 따라가면 마을이

한눈에 들어와.
얼어붙은 호수 위에 꼬물꼬물 사람들이 있는데?
〈눈 속의 사냥꾼(겨울)〉은 원래 가로 162센티미터, 세로 117센티미터 크기로, 미술관에서 본다면 사람들이 무얼 하고 있는지 금방 알 수 있지만 지금은 그림이 너무 작아.

안 되겠어.
돋보기를 들고 들여다봐야겠어!

아, 보인다, 보여!
어른, 아이 할 것 없이 놀고 있잖아. 빙그르르 슉슉 스케이트를 타고, 썰매를 끌고, 이얍 이얍 팽이치기도 하고 있네. 얼음 위에 나동그라진 사람, 꼬리를 치켜든 강아지도 보이고. 우아! 아이스하키와 컬링을 하는 사람들도 있어.
피터르 브뤼헐은 무척 용감하고 특이한 화가야. 브뤼헐 이전에는 이런 그림을 그린 화가가 없었다니까. 종교화도 아니고 초상화도 아니고 신화를 그린 그림이거나 정물화도 아니고, 아름다운 풍경화도 아닌, 평범한 일상생활을 그린 그림이라니! 게다가 주인공이 그림을 주문하는 귀족들이 아니라 가난한 보통 사람들이라니 말이야.

그림을 가까이서 보면 이렇게 보여.
날이 아무리 추워도 얼음 위에서 노는 건 언제나 즐거워.

그런데 이상해. 유럽에서는 브뤼헐 이전까지 겨울 풍경을 제대로 그린 그림이 없었다는 거야. 화가들이 왜 겨울 풍경을 그릴 생각을 못했을까? 난방 시설도 제대로 없었을 때이니 추운 풍경의 그림을 굳이 집 안에 걸고 싶지 않았던 걸까?

브뤼헐의 그림에는 추위가 제대로 느껴져. 하얀 눈밭과 은빛 하늘, 얼어붙은 호수…… 차가운 기운이 그림 밖에까지 흘러나와. 브뤼헐이 이 그림을 그린 건 1565년인데, 그때는 지금보다 훨씬 추웠어.

1300~1850년대에 지구는 소빙하기였어!

빙하기라고? 세상이 얼음으로 덮이고, 매머드가 살고, 원시인들이 짐승의 가죽옷을 입고 사냥을 하던 때 말이야? 하지만 빙하기는 1만 2000년 전에 끝이 났어. 지금은 온화한 간빙기야. 간빙기라고 부르는 이유는 미래에 다시 빙하기가 닥쳐올 거라 추측하기 때문이야. 빙하기와 빙하기 사이, 간빙기에 우리가 살고 있다는 말씀.

지구에 닥친 소빙하기는 그러니까 진짜 빙하기가 아니야. 하지만 몇백 년 동안 세상이 지금보다 추웠던 시절이 분명히 있었고 기후학자들이 그걸 소빙하기라 불러. 물론 몇백 년 전 사람들은 자신들이 살던 시대가 소빙하기라는 걸 꿈에도 몰랐지만 말이야.

1600년대 영국 템스강의 풍경이야.
꽁꽁 언 강 위에 박람회가 열려.
마차와 배, 코끼리가 강 위로 지나가고 있어.

우리가 만약 소빙하기에 태어났다면 불행한 일이 훨씬 많았을 거야. 소빙하기에는 여름에 기온이 낮아서 흉작이 계속되었어. 날씨 변동이 심해서 가뭄과 폭풍우, 눈사태가 자주 닥치고 경작지가 줄어들고 사람들은 굶주림에 시달려야 했어. 과학자들이 옛날 북유럽 사람들의 뼈대를 조사해 보았는데, 1700년대 소빙하기 시절의 사람들 키가 소빙하기 이전보다 평균 6.4센티미터 작았다는 거야!
영양실조로 면역력이 떨어지고, 굶주림에 지친 사람들이 농촌을 떠나 도시로 몰려들었기 때문에 전염병이 무시무시하게 퍼져 갔어. 1347년에 유럽을 휩쓴 페스트는 유럽 인구의 3분의 1을 전멸시키고 말았어. 그후로도 페스트는 400여 년 동안 사람들을 괴롭혔어.
사람들은 혹독한 날씨, 흉작과 가뭄, 전염병이 유대인과 마녀 때문이라는 끔찍한 생각을 하게 되었어. 마녀사냥이라는 말을 들어 보았어? 바로 이 시대에 생겨난 말이야. 수십만 명의 사람들이 마녀로 몰려 끔찍한 죽임을 당했어.
하지만 유대인을 수없이 죽이고 마녀로 몰린 가난한 여자들을 수십만 명 죽여도 흉작과 전염병은 나아지지 않았어. 당연하게도 말이야.
우리나라는 어땠을까?
우리나라에도 추운 기후가 계속되었어. 기록에 의하면 1309년과 1367년에는 한여름에도 바람이 너무 차가워 겨울옷이나 가죽옷을 입어야 했다는 거야. 흉작도 자주 찾아왔어. 1670년, 1671년, 1695년,

1696년의 흉작은 한반도 전체에 닥쳤는데, 너무나 무시무시해서
백성들은 임진왜란 때도 이보다 나았다고 말할 정도였어. 수백만
명의 백성들이 굶어 죽거나 전염병으로 목숨을 잃었어.
그런데 무슨 이유로 지구에 소빙하기가 닥쳤던 걸까?
과학자들은 태양의 흑점이 줄어들면서 태양 에너지가 약해졌기
때문이라고도 하고, 화산이 많이 폭발해서 화산재가 햇빛을 가렸기
때문이라고도 해. 정확한 이유는 알지 못하지만 다행히도 소빙하기는
이미 지나갔어. 그런데 말이야. 과학자들은 놀라운 사실을 알게
되었어.

소빙하기와 그 전의
평균 기온의 차이가
채 1도도 나지 않는다는 거야!

고작 '영 점 몇 도' 차이가 사람들의 삶을 바꿔 버렸어.
지금의 기후 위기가 바로 그래.
지금 지구는 1.1도 더워졌고, 몇십 년 어쩌면 몇 년 안에 1.5도를 넘게
될 거야. 겨우 1.5도 때문에 어떤 일이 지구에 닥칠지 과학자들이
경고하고 있지만 상황은 나아지지 않고 있어.

생트빅투아르산
폴 세잔, 1904~1906년, 오르세 미술관

생트빅투아르산에 가 봐

이 그림의 제목은 〈생트빅투아르산〉이야.
프랑스 말로 '성스러운 승리의 산'이란 뜻이야. 2500년 전, 로마
군대의 침략에 맞서 싸운 프랑스 사람들이 승리를 기념하여 붙여 준
이름이야.
생트빅투아르산은 나무 하나 없이 헐벗은 바위산이야. 산 전체가
거대한 석회암으로 되어 있어. 석회암은 바다 밑바닥에 조개껍데기가
차곡차곡 쌓여서 된 바위야.
그렇다면 생트빅투아르산은 먼 먼 옛날에 바닷속에 있었다는
이야기야. 지구가 지금보다 따뜻하고 해수면이 높았던 시절에 말이야.
지구가 다시 추워졌을 때 바닷물이 물러나고, 바다 밑바닥이 드러나
육지가 되었어.

생트빅투아르산은 프랑스의 남쪽 엑상프로방스 마을에 우뚝 서 있어.
지중해가 멀지 않은 곳이야. 화가 폴 세잔이 태어나고, 자라고, 그림을
그리고 죽음을 맞이한 곳이기도 해.
프랑스에는 생트빅투아르산보다 더 아름다운 산들이 많이 있지만,
화가 폴 세잔 덕분에 이 험준한 바위산이 가장 유명한 산이 되었어.
생트빅투아르산이 마주 보이는 언덕에 올라 화가 폴 세잔이 죽기
직전까지 60점 이상의 생트빅투아르산을 그렸거든.

폴 세잔은
정물화, 초상화와 생트빅투아르산을
그리고, 그리고, 그리고
또 그렸어.

하지만 사람들은 폴 세잔의 그림을 좋아하지 않았어. 그림이
칙칙하고 어둡고 기괴하다고 혹평했어. 폴 세잔이 그린 사과는 사과
같지 않고, 산은 산 같지 않다고 말이야. 사진 같은 그림이 칭찬받던
시대에 폴 세잔의 그림은 조롱거리였어. 몇백 년 내려오던 그림의
전통을 무시한 폴 세잔의 그림에 모두가 화를 냈어.

폴 세잔은 파리를 떠나 고향 엑상프로방스에 틀어박혀 산처럼
우직하게 그림을 그려.
사과 하나를 그리기 위해 사과를 뚫어지게 봐.
눈에 보이는 대로 그리지 않고, 마음의 눈으로 봐. 사과가 한 입 베어
물면 달콤한 즙이 나오는 빨간색의 동그란 열매라는 것도 잊고,
사과를 사과의 원래 모습으로 그려야 한다고 믿어.
그러기 위해 화가는 셀 수 없이 많은 위치에서, 셀 수 없이 많은
시간에 사과를 뚫어지게 봐. 사과를 왼쪽에서 보고, 오른쪽에서 보고,
앞에서 보고, 뒤에서 봐. 비 오는 날에 보고, 맑은 날에 봐. 작년, 어제,
오늘, 지금, 내일, 내년에 보이는 사과를 한 점의 그림 속에 완벽하게
담으려 해.

세잔은 붓을 내려놓고
온종일 사과만 쳐다봐.
사과가 시들시들 썩을 때까지!

폴 세잔은 모델에게도 사과처럼 꼼짝 않고 그대로 있어 주기를
요구해서 아무도 세잔의 모델 역할을 견디지 못할 정도였어.

두 발을 꼬고 앉아 있으려니 다리에 쥐가 나. 발가락을 꼼질꼼질하고
싶고, 손등이 간질간질 긁고 싶은데……. 참다 못해 움직일라치면
화가가 버럭 소리치거든.

'제발 사과처럼
그대로 있으란 말이오!'

그래서 세잔은 노년에 그렇게 생트빅투아르산을 그리고 또 그렸는지
몰라. 어릴 때 뛰어놀던 생트빅투아르산이 언제나 화가를 반겨
주었어. 변함없이 그 자리에 그대로 있어 주는 산은 사물의 본질을
탐구하는 화가에게 훌륭한 모델이 돼.

마을 사람들은 비가 오나 눈이 오나 이젤과 캔버스를 들고
생트빅투아르산이 바라보이는 언덕을 오르는 세잔을 보고 '산에
미쳤다'고 말할 정도였어. 거대한 체구와 커다란 손, 투덜대는 말투의
폴 세잔은 파리의 화가들과 멀어져 점점 더 성격이 예민해져. 공들여
완성한 작품도 마음에 들지 않으면 잘라서 불태워 버렸어.

세잔은 성공한 뒤에도 스스로를 실패한 화가라 여겼어. '예리하지
못한 눈을 가진 시골 화가'라고 말이야. 손이 둔해서 자신이 본
그대로를 화폭에 옮겨 닮을 수 없다고 슬퍼했어.

1906년, 세잔은 생트빅투아르산을 그리다 사나운 폭풍을 만나.
서둘러 화구와 캔버스, 이젤을 지고 집으로 향하던 길에 그만 의식을
잃고 쓰러져. 지나가는 우편 마차에 실려 집으로 오지만, 화가 폴
세잔은 일주일 뒤에 숨을 거두고 말아.
생트빅투아르산은 지금도 엑상프로방스의 하늘 아래 우뚝 서 있어.
겨우 100년을 살 뿐인 인간들의 눈에는 산이 언제나 그대로 그
자리에 있는 것처럼 보여.
하지만 언젠가는 생트빅투아르산도 바람에 깎이고 비에 깎여
평평하게 되는 날이 온다면 믿을 수 있겠어? 수백만 년, 수천만 년이
지난 뒤에 말이야.
평평한 곳에 우뚝 산이 솟아오르기노 해.

땅속이 뜨겁고
움틀움틀 움직이고 있기 때문이야!

세계에서 가장 높은 히말라야산맥도 그렇게 생겨났어. 지구에 가장
최근에 생겨난 산이라서 히말라야산맥이 그렇게 높은 거야.
우리나라의 산은 아주 오래 되어서 바람에 깎이고 물에 깎여
완만하고 둥근 산이 많아!

코토팍시 화산
프레더릭 에드윈 처치, 1862년, 디트로이트 미술관

5억 명의 사람들이 화산 옆에서 살고 있어

헉! 뜨거운 열기가 여기까지 전해져.

화산이 폭발한 지 얼마나 되었을까?

용암이 산을 타고 흘러내리고, 짙은 연기가 하늘을 뒤덮었어. 태양이 떠오르며 호수와 들판을 붉게 물들이고 있어.

여기는 남아메리카 대륙 안데스산맥의 코토팍시산이야.

코토팍시는 안데스 원주민의 말로 '달의 목'이라는 뜻이야.

산꼭대기에 둥근 달이 걸린 모습을 상상해 봐. 하하! 얼마나 높으면 산 이름이 달의 목일까.

코토팍시산은 높이가 5,897미터로 안데스산맥에서 두 번째로 높은 산이야. 지금까지 50번이 넘게 폭발한 기록이 있는 활화산이야. 2022년에도 화산이 폭발해 화산재와 가스 구름이 분화구에서

1,100미터 높이까지 치솟았어.
〈코토팍시 화산〉을 그린 프레더릭 에드윈 처치는 웅장하고 숭고한 자연의 모습을 생생하게 그려서 이름을 떨친 미국의 화가야. 처치는 젊었을 때 나이아가라 폭포를 그려서 유명해졌는데 아직 사진이 없었던 시절, 세계 최고의 폭포를 마치 눈앞에서 보는 듯이 그 장대함과 신비로움을 그대로 느끼게 해 주었어.
1853년, 처치는 저명한 박물학자이자 탐험가인 훔볼트 남작의 여행기를 읽고 큰 감명을 받아 남아메리카 대륙으로 여행을 떠나. 훔볼트 남작이 예술가라면 놀라운 신비를 간직한 남아메리카 대륙을 꼭 여행해 봐야 한다고 말했기 때문이야. 처치는 존경하는 훔볼트 남작의 조언을 따라 안데스산맥을 탐험하며 꼼꼼하게 관찰을 하고 스케치를 했어.

어느 날 처치는
코토팍시산 앞에 서게 돼.

처치는 집으로 돌아와 코토팍시산을 계속 그려.
안타깝게도 화산이 폭발하는 건 볼 수 없었어. 코토팍시 화산은 24년 뒤에나 폭발할 거였거든. 그러니까 처치의 상상 속에서 화산이 폭발한 거야.

코토팍시산은
가만히 서 있는 것만으로도
신비롭게 느껴져.

산 윗부분이 눈에 덮여 있어.

화산이 폭발하는 모습을 가까이에서 본다면 엄청나게 운이 나쁜 거야. 용암에 휩쓸려 곧 죽게 될 테니까. 하지만 살아남는다면 최고로 운이 좋은 거야. 아무도 가 볼 수 없는 지구 깊은 내부의 물질이 세상 밖으로 터져 나오는 놀라운 순간을 목격했으니까.

화산은 우리에게 지구가 지글지글 끓고 있는 뜨거운 행성이라는 걸 확실하게 알려 줘.

지구 내부에서 마그마가 올라와 밖으로 분출하면 화산이 돼.

땅속 수십 킬로미터 깊이, 온도가 800~1,000도에 이르는 곳에서 마그마가 만들어지는데, 마그마는 암석이 녹아 반쯤 액체가 된 거야. 마그마는 주위 암석보다 가벼워서 점점 위로 올라오고, 마침내 땅의 약한 부분을 뚫고 터져 나와. 마그마가 땅 위로 나오면 용암이라 불러.

지구에는 화산이 800개쯤 있어. 모든 대륙마다 화산이 있고, 북극권과 남극, 바닷속에도 화산이 있어. 지금도 지구 어딘가에서는 화산이 폭발하고 있을걸.

화산을 그려 본 적 있어? 대부분 화산을 뾰족한 삿갓처럼 그리지만 화산학자들은 화산이 저마다 개성이 있다고 말해.

둥근 화산, 평평한 화산, 냄비처럼 푹 파인 화산,
용암과 불을 내뿜는 화산, 화산재와 가스를 쏘아 올리는 화산,
폭발음이 원자 폭탄보다 큰 화산, 조용한 화산,
드물게 폭발하는 화산, 자주 폭발하는 화산……
여러 가지 화산이 있어.

하지만 모든 화산에는 공통점이 있는데, 화산 아래 뜨거운 마그마가 밖으로 나갈 날을 기다리고 있다는 거야.

마그마 속에는 여러 종류의 가스가 들어 있어. 마그마가 무를수록 가스가 쉽게 빠져나와 조용하게 용암이 흐르고, 마그마가 뻑뻑할수록 가스가 빠져나오기 힘들고, 결국에는 무섭게 폭발하게 돼.

역사를 기록한 이래로 1815년, 인도네시아의 탐보라 화산 폭발이 가장 무시무시해.

탐보라산은 높이가 4,000미터였는데, 화산 폭발로 순식간에 위쪽이 날아가 현재의 높이인 2,821미터가 되었어!

용암이 솟구치고, 화산 가스와 화산재가 어마어마하게 뿜어져 나와 3일 동안 태양을 가리고 낮에도 어둠이 계속되었어. 화산 폭발로 1만여 명이 목숨을 잃었어. 화산 가스는 하늘 높이까지 올라가 태양빛을 흡수했고, 지구 전체의 기온을 떨어뜨렸어. 그 다음 해에는 여름이 없는 해였다고 전해져. 세계 곳곳에서 농사가 엉망이 되었고, 수백만 명이 굶주림과 질병으로 죽고 말았어.

뜨거운 용암과 화산 가스, 무시무시한 화산재…… 아무리 생각해도 화산은 위험하기만 한데 놀랍게도 5억 명이나 되는 사람들이 화산 근처에서 살아가고 있어.

화산은 위험하지만 화산재 덕분에 땅이 비옥해져. 화산재에는 작은 구멍이 숭숭 나 있어서 공기와 물을 품을 수 있어. 시간이 지나면 바람에 씨앗이 날아와 떨어지고 풀들이 자라나. 곤충이 오고 새들도 날아와. 화산 주위의 땅은 최고의 포도밭이 되고 커피나무 밭이 되고 벼농사 지역이 돼. 땅속의 뜨거운 열 때문에 온천이 솟고 유명한 관광지가 되기도 해. 지열을 이용해 전기도 만들 수 있다니까!

그거 알아?
화산 덕분에 바다에 섬이 생겨나.

우리나라 제주도는 화산 폭발로 생겨난 화산섬이야. 해저의 화산섬이 100만 년이 넘게 분화해 점점 높아지다가 120만 년 전쯤에 바다 위로 모습을 드러냈는데 그 후로도 계속 폭발해 지금의 제주도가 되었어. 지금도 화산섬이 생겨나고 있어. 1963년, 아이슬란드 앞바다에서 고기를 잡던 어부들은 깜짝 놀랐어. 바다가 부글부글 끓고 연기가 올라오지 않겠어? 해저 화산이 분화한 거야!

다음날 새로운 섬이 태어났어!
1년 6개월 동안 계속 용암이 분출해 섬을 뒤덮고,
지금은 축구장 100개 크기의 커다란 섬이 되었어.
쉬르트세이 화산섬이야.

요세미티 계곡을 내려다보다
앨버트 비어슈타트, 1865년, 버밍엄 미술관

요세미티 계곡을 내려다보며

만약에 미국 여행을 가는데 딱 한 군데만 가 볼 수 있다면 어디를 가겠어?

미국에서 딱 1가지만 할 수 있다면 국립 공원을 찾겠다는 말이 있어. 자연의 위대함과 아름다움을 숨이 막힐 만큼 생생하게 느낄 수 있기 때문이야.

여기는 미국의 국립 공원 요세미티 계곡이야.

강이 흐르고 양 옆으로 바위 절벽이 둘러싸고 있어. 날이 저물어 가. 해는 절벽 뒤에 숨어 보이지 않지만 저녁 햇살이 하늘과 계곡을 부드럽게 비추고 있어.

요세미티 계곡에는 세쿼이아 숲, 절벽과 폭포, 호수, 강 그리고 '엘 캐피탄'이 있어. 그림 속 오른쪽 바위가 바로 엘 캐피탄이야. 높이가 약 1,000미터에 이르는 세계에서 가장 커다란 단일 화강암 바위야. 이렇게 멋진 절경을 그린 사람은 독일에서 태어나 미국에서 활동한 화가 앨버트 비어슈타트야.

1859년, 비어슈타트는 미국 서부 지역의 지도를 새로 만들기 위해 떠나는 탐험대에 들어가게 돼. 아마도 화가의 꼼꼼한 관찰과 스케치 실력이 탐험대에 큰 도움이 되었을 거야. 서부의 광활한 지역을 여행하는 동안 비어슈타트는 더없이 웅장한 산들과 마주쳤고 끊임없이 스케치를 했어.

여행에서 돌아왔을 때 스케치가 수북이 쌓였는데 비어슈타트는 그림을 완성해 서부 풍경화 전시회를 열었어. 전시회는 대성공을 거두었고, 사람들은 큰돈을 들여 비어슈타트의 서부 그림을 사들였어. 훗날 콜로라도주 정부에서 산을 사랑하고 아름다운 산 풍경을 남겨 준 비어슈타트를 기념해 산 하나에 화가의 이름을 붙여 준 덕분에 비어슈타트는 화가로도 산으로도 이름을 남기게 되었어.

〈요세미티 계곡을 내려다보다〉는 10점이 넘는 비어슈타트의 요세미티 계곡 그림 가운데 첫 번째로 그려진 그림이야. 가장 장엄하고 신비롭게 그려져 있지만 그림이 아롱아롱 어둑어둑해서 잘 알아보기 어려울 거야. 그렇다면 오른쪽 그림을 봐. 관광 책자에는 요세미티 계곡을 광고하는 그림이 많아. 기암절벽과 세쿼이아 나무, 바위 사이로 흐르는 잔잔한 강이 보여.

요세미티 계곡을 내려다보며

요세미티 계곡은 빙하의 작품이야!
빙하가 땅을 조각한다면 믿을 수 있겠어?
지질학자들이 빙하에 대해 알게 된 건 150년쯤 전이야. 화가가 이 그림을 그릴 무렵 빙하 이론은 지질학계에 등장한 최신 이론이었어.
빙하 이론에 따르면 까마득한 옛날 지구의 대륙 3분의 1이 두께 수십 수백 미터, 심지어 수천 미터에 이르는 두꺼운 얼음으로 덮여 있었다는 거야.

빙하는 가만히 있는 것처럼 보이지만 천만의 말씀!

엄청난 무게와 압력으로 빙하가 미끄러지기 시작해.
천천히 천천히 빙하가 움직여.
하루에 몇 센티미터씩, 쉬지 않고 꾸준히!
무시무시하게 거대하고 육중한 빙하가 땅과 바위를 밀고 지나갈 때 우리의 상상을 초월하는 일이 일어나.
산이 부서져.
땅이 파이고 깎여.
바위가 뜯겨 나가!

빙하가 지나가고 나면
평범했던 산과 계곡이 험준하게 바뀌어.

1만 2000년 전쯤 날씨가 따뜻해지고 빙하기가 물러났어.
북아메리카 대륙을 뒤덮었던 빙하도 북쪽으로 물러나고 기암절벽과
폭포, 호수와 강이 있는 요세미티 계곡이 생겨났어.
유럽 사람들이 아메리카 대륙에 정착하기 전까지 요세미티
계곡에는 인디언들이 살고 있었어. 숲이 우거지고 잔잔한 강이
흐르고, 바위로 둘러싸여 다른 부족이 침략하기 힘든 이 계곡에
요세미티 부족이 대대로 살고 있었어. 요세미티는 '죽이는 자들'
이라는 뜻이야. 워낙 호전적인 부족이라 주위의 인디언 부족들이
그렇게 이름을 지었어. 요세미티 부족은 자신들이 살아가는 계곡을
'거대한 입'이라 불렀어.
훗날 미국 서부의 시에라네바다산맥에서 금광이 발견되면서 동부의
백인들이 이 '거대한 입' 계곡에도 들이닥쳤어. 요세미티 부족
사람들은 전쟁에 졌고, 죽거나 뿔뿔이 흩어졌어.
정복자들은 자신들이 몰아낸 부족의 이름을 따 승리를 자축하며
계곡의 이름을 요세미티라 불렀어.
1868년, 환경 운동가 존 뮤어가 시에라네바다산맥을 탐험하다가
요세미티 계곡을 발견했어. 뮤어는 땅과 금을 차지하는 데 정신이
팔려 있던 사람들에게서 이 아름다운 계곡을 지키기 위해 노력했어.
요세미티는 보호 구역이 되었다가 오래지 않아 국립 공원이 되었어.
1984년, 요세미티 계곡은 세계 자연 유산으로 등재되었어.

어서 와,
요세미티 국립 공원이야!

피오르의 여름날
라스무센, 1890년, 개인 소장

피오르를 보러 가자

해변에 배가 한 척 있고, 사람들이 모여 이야기를 나누고 있네.
속닥속닥! 하하 호호!
즐거운 나들이에 날씨도 화창해. 구름이 비칠 만큼 물결이 잔잔하고,
뒤로는 눈에 덮인 산이 보여. 산꼭대기는 구름에 가려져 있는데,
그 뒤에도 그 뒤에도 눈 덮인 산이 이어져.
아, 보기만 해도 가슴이 시원해져!
여름날이라는데 하나도 더워 보이지 않아. 산에 남아 있는 눈은
물론이고, 조끼를 입고 모자를 쓴 남자들과 긴 옷차림의 여자들을 봐.
정말 여름이 맞아?
맞아! 여기는 유럽의 가장 북쪽 나라 노르웨이, 한여름에도 상쾌하고
시원한 곳이야.

피오르를 보러 가자

이 그림의 제목은 〈피오르의 여름날〉이야. 제목 속에 이 그림이 책에 실린 이유가 들어 있어. 바로 '피오르' 때문이야.
피오르를 마을이나 도시의 이름이라 생각했다면 천만의 말씀.
피오르는 화산이나 석회암 동굴처럼 지형의 명칭이야.

**피오르에는 100만 년이 넘는
비밀이 숨어 있지만
겉으로 보면 몰라.**

겉으로 보면 그저 육지에서 바다로 나 있는 길고 좁은 골짜기로 보여. 하지만 평범한 골짜기가 아니라는 건 한눈에 알 수 있어. 비행기를 타고 하늘에서 보면 긴 협곡 때문에 마치 육지가 찢어진 것처럼 보이는데, 좀 더 가까이 내려오면 신비하고 기묘하고 아름답고 웅장한 협곡의 절경이 눈에 들어와. 깎아지른 듯한 절벽이 구불구불 이어지고, 절벽과 절벽 사이로 수심을 알 수 없는 청명한 바닷물이 비단처럼 매끄럽게 흘러가. 굽이굽이 그 어디쯤에 사람들이 쉬어 가는 모래 해변도 있을 거야.
〈피오르의 여름날〉을 그린 라스무센은 노르웨이의 화가인데 독일에 살면서 해마다 여름이 되면 노르웨이로 돌아와 피오르를 그렸어. 피오르를 구경하러 오는 사람들에게 그림을 팔기도 하고.

피오르는 지구가 만든
가장 아름다운 풍경 중에 하나야.

강이야? 호수야? 바다야?
그게 뭐가 중요해!
노르웨이 사람들에게 물어보면
강도 바다도 아니고 그저 '피오르'라고 말할걸.

그런데 이상하지? 몇천 년 동안 사람들은 피오르를 보면서 자연의 모습에 압도될 뿐 이런 곳이 어떻게 생겨났는지 궁금해하지 않았어. 이 놀라운 경치가 원래부터 있었으려니 하고 그저 감탄하고 구경할 뿐. 그림을 그린 라스무센도 몰랐을걸. 피오르 지역으로 관광 오는 사람들도, 그림 속 해변에서 나들이를 즐기는 사람들도 몰랐을 거야. 사람들을 불러 모아 알려 주고 싶다니까.

'여러분! 먼 옛날 이곳이 거대한 빙하로 덮여 있었다는 걸 아시나요?'

그러니까 피오르는 먼 옛날에 빙하가 육지를 깎아 만든 거대한 자국이라는 말씀. 지구에서 피오르를 볼 수 있는 곳은 아주 추운 지역밖에 없어. 그리고 바다가 있고, 그 옆에 눈이 계속 계속 쌓일 수 있는 평평한 고원이 있어야 해. 그래서 피오르는 노르웨이와 그린란드, 캐나다와 알래스카, 남반구의 칠레와 뉴질랜드에서만 볼 수 있어. 250만 년 전에 노르웨이 서쪽 해안 지대는 평평하고 밋밋한 고원이었어. 빙하기가 찾아오고 엄청난 얼음으로 고원 전체가 뒤덮여. 그러다가 빙하기가 끝이 나. 얼음이 천천히 무너지며 땅을 깎아. 다시 빙하기가 찾아와 얼음으로 뒤덮이고, 빙하기가 끝이 나고 얼음이 녹고, 그런 일이 수십만 수백만 년 반복되고 마침내……

빙하가 상상을 초월하는 힘으로 육지를 깎아 내리게 되었어.
이렇게 말이야!

피오르를 보러 가자

만약에 피오르가 생기기까지 백만 년이 넘는 시간을 휘리릭 빨리감기를 해서 몇 시간으로 줄일 수 있다면, 땅을 진동시키는 무시무시한 굉음을 계속 계속 들을 수 있을 거야.

쾅! 삥! 탁!
빙하와 바위 덩어리가 땅을 긁으며 내려가는 소리야.

빙하가 아래쪽으로 움직이며 땅을 깎는 모습을 본 사람은 아무도 없지만, 피오르 지형에는 빙하에 긁힌 자국이 분명히 남아 있어. 지금은 골짜기를 뒤덮었던 빙하도 모두 사라지고 그 자리에 바닷물이 출렁거려.
피오르에 사는 사람들은 피오르를 정말 사랑하고 자랑스러워해. 대대로 피오르에 집을 짓고 염소를 기르며 살고 있어. 염소는 깎아지른 비탈길도 무서워하지 않아서 피오르에 풀어놓고 기를 수 있는 거의 유일한 가축이야. 주민들은 염소의 젖을 짜 치즈를 만들어 팔아 생계를 잇고, 관광객들을 반갑게 맞이해.

묀 절벽
리버트, 1846년, 덴마크 국립 미술관

석회암을 본 적 있어?

지구 어느 곳에 있는 바닷가일까?
뾰족뾰족 불끈불끈 바위들을 좀 봐.
거인이 가져다 심어 놓은 것 같아!
그림을 계속 보고 있으면 바위들이 이야기를 들려주는 것 같은
생각이 들어.
제 맘대로 생긴 바위 무리가 기를 쓰고 언덕 꼭대기로 올라가고, 가장
위에 있는 뾰족한 바위는 이제 다 이루었다는 듯이 꼼짝 않고 서서
잔잔한 바다를 내려다보고, 가파른 절벽 바위는 이 모든 모습을
바라보고 있고.
앗, 그런데 우리와 함께 이 장관을 보고 있는 사람들이 있어.
아래쪽 바위 언덕을 봐. 한 사람은 빨간 치마를 입고, 한 사람은

모자를 쓰고 앉아 있네. 사람을 이렇게 작게 그린 건 아마도 절벽과
바위가 장대한 풍경이라는 걸 강조하는 화가의 뜻이 들어 있을 거야.
이 그림을 그린 리버트는 1800년대에 살았던 덴마크의 화가야.
덴마크 곳곳의 아름다운 바닷가를 찾아가 그림으로 남겼어.
화가가 이번에는 묀섬의 바닷가를 찾아왔어. 묀 절벽을 그리며
화가는 궁금하지 않을 수 없었을걸. 도대체 어떻게 이렇게 기이한
바위들이 생겨났을까? 바람이 만들었을까? 파도가 조각했을까?
턱도 없지! 이유를 알 수 없는 채로 화가는 자연의 신비 앞에서
경건한 마음으로 그림을 그렸을 거야.

기이한 바위의 비밀은 바닷속에서 시작되었어!

7000만 년 전쯤 덴마크를 비롯해 북유럽은 바닷속에 잠겨 있던
석회암 땅이었어. 석회암은 바닷속 생물들이 만든 바위야!
조개, 산호, 고둥, 조그만 바다 생물들이 죽어 아래로 떨어지면 몸은
썩고 껍데기와 뼈대가 차곡차곡 쌓여. 거기에 점토와 광물이 섞이고
오랜 시간 눌리고 눌려서 바위가 되는데 그게 바로 석회암이야.

석회암은 아주아주 느릿느릿 만들어져.

1센티미터 두께로 쌓이는데 1000년쯤 걸려. 10센티미터가 되려면 1만 년이 걸려!

조그만 생물들의 껍데기와 뼈대가 종이만큼 얇게 쌓이고, 그 위에 또 쌓이고 또 쌓여서 마침내 두꺼워지고 단단해지기까지 기나긴 시간이 필요하기 때문이야. 묀섬의 절벽은 100미터쯤 되는데 도대체 얼마나 오랜 시간이 걸린 걸까.

또 시간이 흘러 흘러. 지구의 어느 곳도 그 모습 그대로 영원한 곳은 없어. 바다 밑에 있던 땅이 솟아올라 육지가 돼. 그리고 빙하 시대가 찾아와. 무시무시한 얼음이 덴마크 지역을 짓누르게 되었어!

빙하가 지구를 조각하는 예술가라면 석회암은 빙하가 조각하기 가장 좋은 재료야.

석회암은 그렇게 단단하지 않아서 빙하가 누르고 지나갈 때 바위가 뜯기고 기기묘묘한 모양이 되기 쉬워.

1만 2000년 전 날씨가 온화해지고 빙하가 녹기 시작했을 때 드디어 묀섬의 석회암 절벽이 모습을 드러냈어. 기이하기 짝이 없는 바위들과 함께!

위쪽은 평평하고
가장자리는 기이한 절벽으로
둘러싸인 묀섬이야.

하얀 바위 절벽이 햇빛을 받아 눈부시게 빛나.

된 섬을 이루고 있는 석회암은 하얀 석회암이라고 백악이라 불러. 백악이라면 어디선가 들어보지 않았어? 티라노사우루스와 수많은 공룡들이 살던 시대가 바로 바로 백악기잖아. 백악기는 지금부터 1억 4500만 년 전에서 6500만 년쯤 전 사이를 가리키는데, 이 시대에 생겨난 석회암의 대부분이 백악이야. 그래서 이 시대의 명칭이 백악기가 된 거야.

유럽 땅에는 석회암을 흔하게 볼 수 있어. 넓은 지역이 바닷속에 잠겨 있었기 때문이야. 유럽에서는 흔하게 널린 석회암으로 궁전과 교회를 지었어. 석회암은 단단한 바위보다는 무른 편이어서 자르고 조각하기도 쉬워. 19세기에 이르러 석회암은 시멘트의 재료가 돼. 집, 학교, 회사, 병원, 다리…… 시멘트가 쓰이지 않는 건물이 없어. 상상도 못했을걸. 평범하고 시시하게만 보이는 시멘트 블록 속에 수백 수천만 년의 어마어마한 시간이 들어 있었다니 말이야.

우리나라에도 석회암 지대가 있어!

충청북도 단양, 강원도 삼척, 영월, 태백에 가면 석회암을 볼 수 있어. 우리나라의 석회암 지대는 된 절벽만큼 하얗지 않아. 석회암이 만들어진 시기와 재료에 따라 색깔이 조금씩 달라서 그래. 우리나라의 석회암 지대는 무려 3~5억 년 전쯤 고생대 시대에 만들어졌어.

강원도의 석회암 지대에는
고생대 바다를 누볐던 삼엽충 화석이
자주 발견돼.

석회암 지대에는 동굴이 생기기 쉬워.

지하수가 석회암을 녹이기 때문이야.

바위가 물에 녹는다는 게 믿어져?

하지만 사실이야. 석회암이 무얼로 만들어졌는지 기억해 봐. 바다 생물들의 껍데기가 쌓여서 석회암이 되었고, 바다 생물들의 껍데기는 빗물과 지하수에 잘 녹아. 지하수가 졸졸 지나가는 곳에 조그만 길이 생겨. 길이 점점 더 커져.

수백만 년이 지나면 커다란 동굴이 돼!

우리나라에는 석회암 동굴이 많아. 고수 동굴, 천동 동굴, 성류굴, 고씨굴…… 크고 작은 동굴이 850여 개나 돼.

하지만 아직도 다 발견되지 않았어. 끝이 어디인지 알지 못하는 동굴과 미처 발견되지 못한 동굴이 얼마나 있을지 모른다는 거야.

미국에 있는 매머드 동굴은 세계에서 가장 커다란 석회암 동굴이야.

지하수가 석회암을 녹여 길이가 장장 300킬로미터, 너비가 최대 150킬로미터에 이르는 초거대 동굴이 생겨났어. 말도 안 돼. 우리나라 크기의 절반이 넘는 동굴이잖아!

어마어마하게 넓은
매머드 동굴을 감상해 봐!

폭포
쿠르베, 1874년경, 개인 소장

폭포가 점점 뒤로 물러나고 있어

이 그림의 제목은 그냥 〈폭포〉야.
제목처럼 아마도 이름이 없는 폭포인가 봐. 그렇게 크지 않고 특별히
소문도 나지 않은 시골의 어느 폭포 말이야.
1874년, 쿠르베는 재산과 건강을 모두 잃고 조국 프랑스를 떠나 망명
생활을 하던 중에 이 그림을 그렸어.
〈폭포〉는 기억과 상상만으로 완성한 그림이야. 초라한 여관방에서
작은 캔버스를 앞에 두고, 고향 마을에 있는 폭포를 생각하면서
기억에만 의지해 그림을 그렸어.
도무지 믿기지 않는걸. 폭포를 보지도 않고 어떻게 이렇게 그릴 수
있을까?
위쪽에 늠름한 바위 절벽이 보여. 그림에는 보이지 않지만 바위

절벽을 돌아 개울이 흐르고 있을 거야.
바위 절벽 아래에 마치 거대한 계단처럼 또 다른 바위가 튀어나와
있어. 폭포가 바위 계단을 타고 시원하게 떨어져.
숲이 우거져 있지만 그래도 여기는 사람들이 지나다니는 길인
모양이야. 폭포 옆으로 땅을 깎아 동그랗고 평평하게 다져 놓은
계단이 개울까지 보기 좋게 이어져 있어. 개울을 건너라고 징검다리
돌도 사뿐 놓여 있고.
〈폭포〉의 정겨운 느낌과 다르게 쿠르베는 그림처럼 평화로운 삶을
살지는 못했어. 쿠르베는 위대한 선배 화가들이 가는 길을 따라가려
하지 않고 무엇을 그리고, 어떻게 그려야 할지에 대해 깊이 고민했어.
그러고는 자신이 그리고자 하는 그림을 스스로 사실주의라 이름
지었는데, 위대한 선배들이 그렸던 것처럼 아름답고 고귀하기만 한
그림이 아니라 사람이 살아가는 진실을 드러내는 그림을 그려야
한다고 느꼈기 때문이야. 노동자와 농민, 마을의 목욕하는 아줌마,
레슬링하는 청년, 평범한 장례식의 모습 들을 그리고 있을 때
누군가가 쿠르베에게 '그림 같지 않은 그림을 멈추고 천사를 그려
보라.'고 주문했지만 쿠르베는 이렇게 말했어.
'나에게 천사를 보여 주시오. 그러면 천사를 그리겠소!'
1871년, 쿠르베는 노동자들이 일으킨 혁명에 가담해. 하지만 혁명은
실패로 끝나고 쿠르베에게 6개월 감옥살이와 엄청난 벌금형이

떨어져. 감옥에서 나온 뒤 쿠르베는 빈털터리가 되어 고국을 떠나. 쿠르베는 어느 낡은 여관에서 쓸쓸하게 세상을 떠났지만 평범한 사람들이 살아가는 모습과 진실을 그리려는 쿠르베의 도전은 후배 화가들에게 전해져 미술사에 혁명을 일으키게 돼.
쿠르베는 평범한 사람들 말고도 풍경화를 많이 그렸어.
〈폭포〉를 그릴 때에는 병들고 돈도 없어 몹시 암울했을 텐데 그림에는 슬픔과 힘든 마음이 드러나지 않아. 조그만 폭포이지만 물이 마를 일이 없어 보여. 개울이 폭포가 되고, 다시 개울이 되어 잔잔하게 흘러가고 있어.

폭포는 어떻게 생겨날까?

궁금했던 적이 있어?
그야 절벽이 있으니까 저절로 폭포가 되는 거 아니야?
하고 생각한다면 반만 아는 거야.
흐르는 물이 땅과 바위를 깎아 절벽을 만든다는 말씀!

물이 흘러가며 바닥의 약한 곳을 깎아.

점점 더 많이 깎아.
절벽이 생겨. 폭포가 돼!

물의 힘은 존경스러울 만큼 대단해.
똑똑 떨어지는 빗방울조차 수백수천 년이 지나면 바위에 구멍을 뚫을 수 있고, 개울물과 강물은 쉬지 않고 흘러가며 바위와 땅을 깎아 절벽을 만들 수 있어!

다만 시간이 아주아주 아주아주 많이 필요할 뿐이야.

겨우 100년을 살 뿐인 사람은 까마득한 시간 동안 절벽과 폭포가 만들어지는 장관을 보지 못해. 역사가 기록된 것도 겨우 5000년 정도일 뿐이어서 폭포가 생겨나는 수만, 수십만, 수백만 년 시간에 견줄 게 못 돼.

지구에 셀 수 없이 많은 폭포가 있지만 가장 아름답고 거대한 폭포를 보려면 남아메리카 대륙으로 날아가야 해. 거기에 이구아수 폭포가 있어.

이구아수는 원주민 과라니족 말로 '위대한 물'이라는 뜻이야. 브라질과 아르헨티나의 국경 부근에서 이구아수강이 흘러오다 어마어마한 폭포가 되어 떨어지며 장관을 이뤄. 이구아수 폭포의 너비는 장장 2.7킬로미터에 이르러. 축구장이 27개쯤 나란히 붙어 있는 어마어마한 길이를 상상해 봐.

이구아수 폭포는 용암으로 만들어진 고원 지대에 있어. 높은 산에서 흘러나오는 이구아수강이 용암 지대를 흘러가며 수백만 년 동안 용암을 깎아 가파른 절벽과 계단 모양의 절벽을 만들었어.
이구아수 폭포가 알려지기 전까지 북아메리카 대륙의 나이아가라 폭포가 세상에서 가장 거대한 폭포의 명예를 가지고 있었어. 하지만 나이아가라 폭포는 이구아수 폭포 너비의 절반밖에 되지 않아. 100년쯤 전에 미국의 루스벨트 대통령 부부가 이구아수 폭포를 보고 '불쌍한 나이아가라!'라고 탄식했다는 이야기가 전해 올 정도야.
이구아수 폭포 중에서도 가장 무시무시한 구역은 '악마의 목구멍'이라 불려. 1분을 바라보면 근심이 사라지고, 30분을 바라보면 영혼을 빼앗긴다는 이유로 말이야. 끝이 보이지 않는 물줄기, 피어오르는 물안개, 어마어마한 물소리……. 어떻게 정신이 홀리고 압도당하지 않을 수 있을까.
그런데 이렇게 대단한 폭포가 뒤쪽으로, 강 상류로 계속 물러나고 있다는 거야. 우리 눈에 보이지는 않지만 모든 폭포들은 조금씩 뒤로 물러나고 있어. 흐르는 물이 계속 계속 지금도 절벽을 깎고 있기 때문이야. 이구아수 폭포는 1년에 3밀리미터씩, 나이아가라 폭포는 1년에 1미터씩 뒤로 물러나고 있어!

멀리 리기산이 보이는
스위스 루체른 호수의 달빛
윌리엄 터너, 1841년경, 맨체스터 대학교
휘트워스 미술관

지금도 호수가 사라지는 중이야

밤일까? 낮일까?

달이 휘영청 뜬 걸 보니 어둠이 깔렸을 시간인데……. 이상하게 어둡지 않아. 마치 밤에서 어둠을 한 꺼풀 걷어 낸 것처럼 말이야. 호수가 잔잔하게 빛나고 멀리 산이 보여.

하늘과 호수, 공기까지 신비로운 색깔로 물들었어.

이 그림의 제목은 〈멀리 리기산이 보이는 스위스 루체른 호수의 달빛〉이야. 공책 크기의 작은 종이에 수채화 물감으로 그렸어. 스케치북보다 작은 크기의 그림이 이렇게 신비롭게 느껴진다니 믿기지 않아. 화가는 호수에 머물며 새벽부터 아침, 한낮, 저녁과 깊은 밤까지, 달이 뜨는 밤과 날이 흐려 달이 보이지 않는 밤에도 드로잉을 했을 거야. 호수를 오랫동안 관찰하지 않고서 이런 색깔과 분위기를 어떻게 완성할 수 있었겠어.

윌리엄 터너는 영국 사람들이 가장 존경하는 화가로, 영국의 지폐에도 그려져 있는 사람이야. 가난한 이발사의 아들로 태어났지만 뛰어난 재능으로 젊은 나이에 일찍 성공을 거두었어. 터너는 재능이 너무 뛰어나 어떤 미천한 집안에 태어났더라도 위대한 화가가 될 운명이었어.

터너는 의뢰받은 그림을 비싼 값에 팔고 아카데미에서 강의를 하면서 명예롭고 풍족하게 살 수 있었지만 자기 그림에 만족할 수 없었어. 자연의 움직임과 놀라움을 어떻게 정지되어 있는 그림 속에 담을 수 있을까. 눈에 보이지 않는 빛과 공기의 움직임을 표현하려면 어떻게 해야 할까…….

답을 찾기 위해 터너는 스케치북을 들고 혼자서 수없이 산과 바다로 여행을 떠났어. 돌아올 때마다 스케치북이 수백 권씩 쌓여 갔어.

〈멀리 리기산이 보이는 스위스 루체른 호수의 달빛〉도 터너의 깊은 고민 속에서 탄생한 그림이야.

터너가 루체른 호수를 그린 뒤로 200여 년이 흘렀어.

지금은 멋진 건물들이 호숫가를 따라 줄지어 들어서 있고 유람선이 관광객을 싣고 쉬지 않고 누비고 다녀.

그거 알아?

200여 년 전 터너가 그렸던 호수의 물은 지금은 모두 교체되었어!

호수는 단지 크고 둥그런 웅덩이가 아니야.
호수에는 대부분 호수로 들어오는 강이 있고 나가는 강이 있어.
강물을 따라 새로운 물이 호수로 들어오고, 강물을 따라 호수의 물이 빠져나가.
시간이 흐르면 호수의 물이 모두 새로운 물로 교체돼.
그런데 호수로 들어오고 나가는 물은 강물이나 빗물만이 아니야.

호수 바닥에서
지하수가 새어 나오고,
호수 바닥으로 물이 새어 나가!

지하수를 우습게 보면 안 돼. 땅속에는 전 세계의 강물과 호수의 물을 모두 합친 것보다 40배나 더 많은 지하수가 들어 있어. 지하수가 느릿느릿 흘러가다 호수 밑바닥으로 새어 나와. 때로는 샘물처럼 콸콸 솟아나기도 해.
1974년에 과학자들이 정말로 지하수가 호수로 들어오는지 확인하기 위해 실험을 해 보았어. 호수 주변 땅에 소금물을 흘려 보낸 거야. 얼마 후 호수의 물을 살펴보았더니 짠맛이 나지 않았겠어?

소금물이 땅속으로 들어가 지하수가 되어 흐르다가 다시 호수의 바닥으로 새어 나왔다는 게 실험으로 증명되었어.
한편으로 호수의 물은 바닥으로 끊임없이 새어 나가고 있어. 호수 바닥으로 지하수가 나왔듯이 호수 바닥으로 호수의 물이 새어 나가.
호수가 어떻게 생겨날까?
옛날 옛날 거대한 빙하가 녹으면서 호수가 되었어. 빙하 때문에 패였던 자리를 빙하가 녹은 물이 채웠어. 북아메리카의 오대호가 바로 그렇게 생겨났어. 다른 이유로도 호수가 생겨나. 빗물이 화산 분화구를 채워 호수가 되기도 하고, 강이 막혀 호수가 되기도 하고.
러시아 시베리아 고원 지대에 자리잡은 바이칼 호수는 세계에서 가장 깊은 호수인데 2500만 년 전에 땅이 갈라지며 바나나처럼 길쭉하고 깊은 호수가 되었어.
바이칼 호수에서 가장 깊은 곳은 1,642미터로, 호수의 깊이가 우리나라 설악산보다 훨씬 높아. 그렇게 깊은데도 물이 너무 깨끗하고 맑아서 40미터 깊이까지 투명하게 보여. 깊기만 한 게 아니라 넓기도 해서 우리나라 면적의 3분의 1 크기에 해당돼. 호숫가에 서면 건너편 땅이 보이는 게 아니라 수평선이 보여. 바이칼 호수는 지구에서 가장 나이 많은 호수야.
깊고 넓고 오래된 바이칼호에는 동물 1,340여 종, 식물 570여 종이 살고 있어. 그런데 그중에 895여 종이 바이칼호에만 살고 있는

나는 호수에 사는 유일한 물범
네르파야!

안녕?

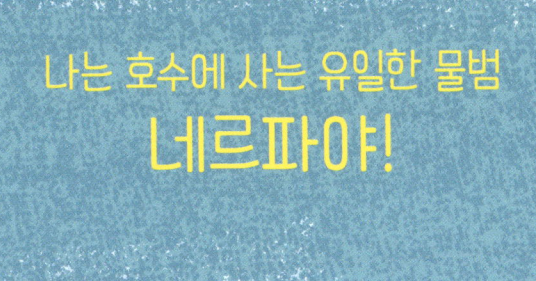

종이라는 거야. 하지만 가장 깊고 가장 오래된 바이칼호도 언젠가는 사라지게 될 거야. 어떤 호수도 영원하지 않아. 결국에는 사라지는 게 호수의 운명이야.

아무리 깊은 호수도, 아무리 커다란 호수도 언젠가는 메마른 땅으로 변해!

강물이 호수로 들어오며 진흙과 모래도 함께 싣고 와. 진흙과 모래가 호수에 쌓이고 호수가 조금씩 작아지고 얕아져. 수천수만 년이 지나면 호수의 일생이 끝나.

사람도 호수를 사라지게 해!

자연의 힘은 호수가 사라지게 하는 데 수천수만 년이 걸리지만 사람은 몇십 년 만에 호수의 운명을 바꿔.

중앙아시아의 아랄해는 세계에서 네 번째로 큰 호수였는데 지도에서 사라질 운명이 되었어. 사람들이 목화 농사를 짓기 위해 대대적인 수로 공사를 해서 물줄기를 바꾸었고 호수로 가던 물이 크게 줄었어. 호수가 점점 작아지더니 40여 년 만에 10분의 9가 말라 버렸어!

하지만 아랄해 주변의 나라들은 각자 자기 나라의 몫에 해당하는 물을 차지하려고 아직도 신경전을 벌이고 있어.

호수가 사막이 되었어!

몇십 년 전만 해도 아랄해를 항해하던 배가
모래 위에 버려져 있어.

우각호-폭풍이 지나간 뒤 메사추세츠주 노샘프턴의 홀리요크산에서 바라본 풍경
토머스 콜, 1836년, 메트로폴리탄 미술관

강이 구불구불 흐른다

여기는 1800년대 미국의 시골 풍경이야.
폭풍이 휩쓸고 지나갔나 봐.
커다란 나무가 뿌리를 드러낸 채 거의 쓰러질 듯 기울어져 있어.
먹구름 기둥이 가질 않고 아직도 숲에 비를 뿌리고 있어.
이 그림에는 2개의 풍경이 있어.
왼쪽의 숲은 사람이 도무지 들어가지 못할 것처럼 우거지고 험하게 보여. 하지만 오른쪽의 들판은 완전히 달라. 하늘에는 햇빛이 환하고 넓고 비옥한 들판에는 곡식이 풍성하게 익어 가. 강물도 고요하고 잔잔하게 흐르고 있어. 들판 사이로 흘러가는 강물만 보아도 이곳이 얼마나 살기 좋은 곳인지 느껴져.
그런데 하마터면 못 보고 지나칠 뻔했네.

그림 아래쪽 숲에 코트를 입고 모자를 쓰고 바위에 앉아서 스케치를
하고 있는 사람이 보여?
이 그림을 그린 화가이자 그림 속에 유일하게 등장하는 사람 토머스
콜이야. 화가가 자신을 어찌나 작게 그렸던지 알아볼 사람만
알아보라지 하며 코웃음 치는 것 같기도 해.
토머스 콜은 1800년대 미국의 풍경화가야.
토머스 콜은 어렸을 때 마을에 한동안 머물렀던 떠돌이
초상화가에게서 잠시 그림을 배우고 2년 정도 미술 학교에 다녔을 뿐
거의 혼자서 그림 공부를 했어. 처음에는 초상화를 그려서 가족의
생계를 도왔어.
청년이 된 콜은 뉴욕으로 가게 돼. 콜은 허드슨강의 풍경에 감동을
받아 풍경화를 그리기 시작했어. 그러던 중 어느 액자 가게 사장님이
가게에 콜의 그림을 몇 점 걸어 놓았어. 그런데 그게 명망 있는 장군의
관심을 끌게 되었고 그 뒤로 후원자들이 생겨나고 이름이 널리
알려지기 시작했어.
콜은 미국 동부 허드슨강 가에 있는 작은 마을에 살면서 봄과 여름,
가을 동안에는 강과 산으로 스케치 여행을 떠나고, 겨울에는 집에
틀어박혀 스케치북에 담아 온 웅장하고 신비로운 자연의 모습을
아름답게 완성했어. 놀랍고 아름다운 자연을 창조한 신을 찬양하면서
말이야.

〈우각호-폭풍이 지나간 뒤 메사추세츠주 노샘프턴의 홀리요크산에서
바라본 풍경〉은 보시다시피 제목이 너무 길어서 '더 옥스보우'라
알려진 그림이야. 옥스보우란 지질학 용어에서 온 말인데 소뿔
모양의 호수라는 뜻이야. 우리나라에서는 우각호라 불러.
그런데 이상해. 그림 속 들판 사이로 유유히 흘러가는 강을 보면
소뿔을 닮지 않았거든. 강이 도넛처럼 둥그렇게 보이는걸.
그렇다면 아마도 우각호가 되기 직전의 강인 것 같아.
시간이 더 흐르면 도넛 모양의 강이 원래 강줄기에서 완전히
분리되어 소뿔 모양의 호수가 생겨날 거야.
지금도 세계 곳곳에서 우각호가 생겨나고 있어.

강은 마치 살아 있는 것 같아.
땅의 모양을 바꾸고
자신의 모양도 바꾸어 가니 말이야.

물론 우리는 땅과 강의 모습이 바뀌어 가는 걸 알아차릴 수 없어.
우리가 수백수천 년을 살 수 있다면 강의 모양이 완전히 달라진 걸
눈앞에서 보게 될 텐데 말이야.

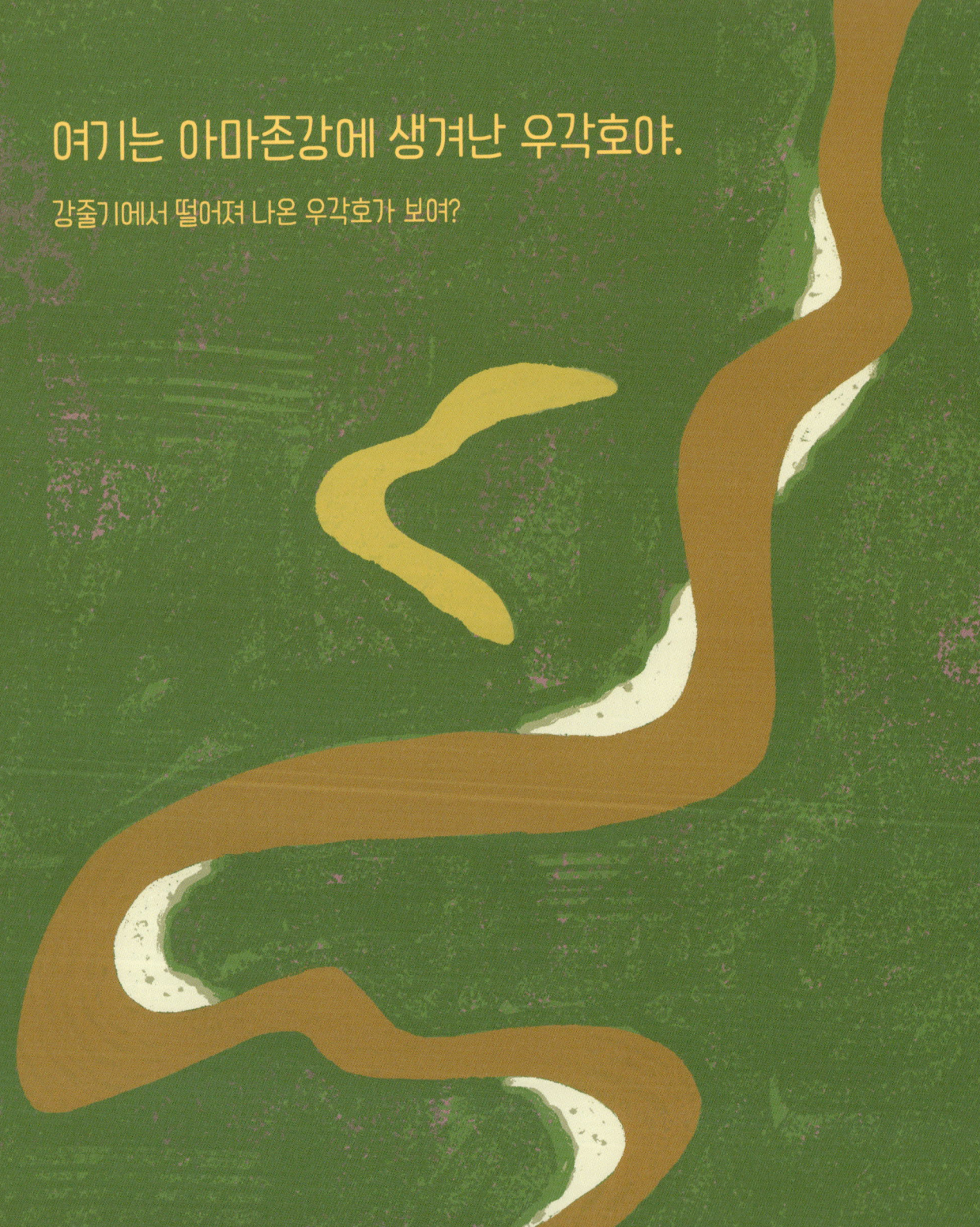

그거 알아?
자연에는 똑바르게 직선으로 흘러가는 강이 없어.
강은 언제나 구불구불 흘러가.
그리고 시간이 흐를수록 점점 더 구불구불해져!
물이 흘러가며 쉬지 않고 땅을 깎아.
흐르는 물에 땅이 깎여 나가는 걸 침식이라고 불러. 깎아 낸 흙더미가 물에 실려 가다 어딘가에 쌓이는 걸 퇴적이라고 불러.

흐르는 물이 있는 곳에는 어디에나 침식과 퇴적이 생겨.

우각호가 만들어질 때도 그런 일이 일어나.
강이 구부러져서 흘러갈 때, 꺾이는 부분의 바깥쪽은 계속 계속 깎이고, 꺾이는 부분의 안쪽에는 흙이 계속 계속 쌓여. 그래서 강이 점점 더 많이 구부러지게 돼.
강이 점점 더 구부러지다가 홍수라도 나서 물살이 거세지면 어느 순간에 강둑이 터지고 강과 강으로 지름길이 생겨나. 도너츠 모양의 강은 원래의 강에서 떨어져 나가고 소뿔 모양의 호수가 돼.
이렇게 말이야.

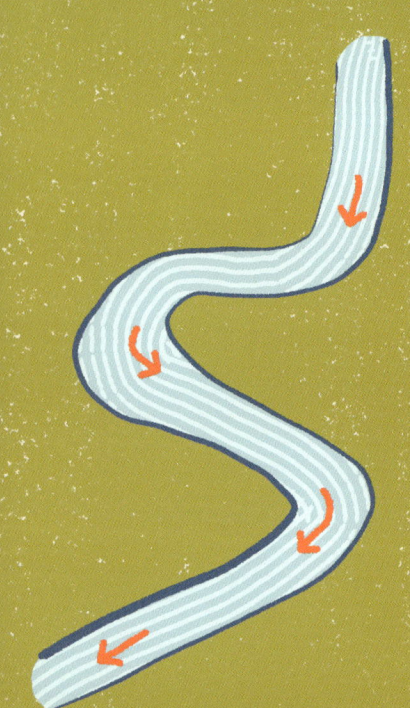

처음에 강은 이런 모습이었는데

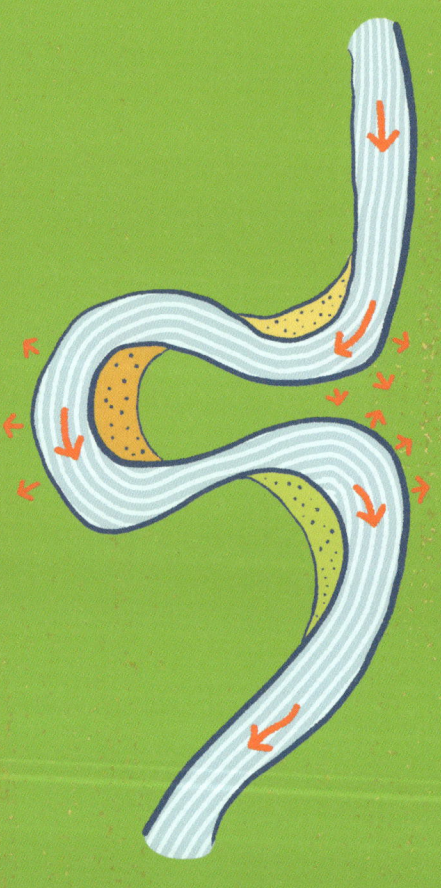

이렇게 되었다가

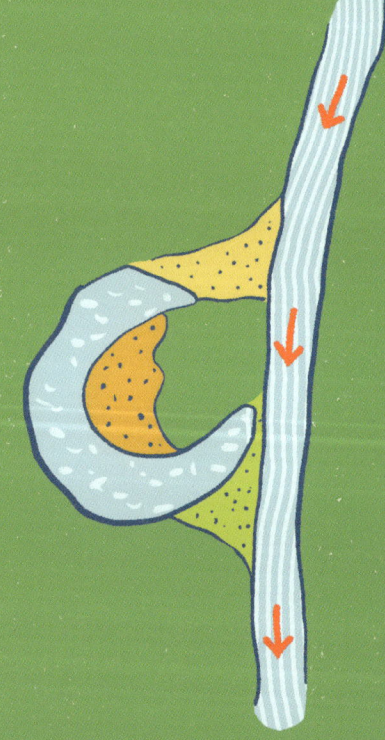

우각호가 생겨나!

→ 침식   퇴적

강이 구불구불 흘러가는 건 자연의 이치야.

강이 굽이굽이 이리저리 휘돌아 흐르면 더 넓은 곳에 고르게 물을 공급할 수 있어. 강 주변에 습지가 더 많이 생겨. 강 주위에 진흙 밭이 훨씬 더 많기 때문에 비가 오랫동안 오지 않아도 물을 더 많이 간직할 수 있어. 동물과 식물이 더 많이 살 수 있는 곳이 돼. 물이 세게 흐르는 곳과 천천히 흐르는 곳이 있어서 물속에도 다양한 물고기가 살아. 그것도 모르고 옛날에는 도시를 건설하고 국토를 개발할 때 구불구불 흘러가는 강이 있으면 수로 공사를 해서 강이 직선으로 흘러가도록 똑바로 폈지 뭐야.

사람이 자연인 강에서 배워야 해. 강물은 마치 자연의 이치를 알고 있다는 듯이 유유히 구불구불 흘러가고 있어.

텍사스 초원에서 풀을 뜯는 버팔로와 엘크
조지 캐틀린, 1846~1848년, 스미스소니언 박물관

대평원에 무슨 일이 있었던 걸까?

이곳은 200년 전 북아메리카 대륙의 대평원이야.
하늘에는 구름이 끝이 없고 땅에는 누런 풀밭이 끝이 없어.
풀밭 사이로 들소들이 풀을 뜯고, 귀퉁이에는 엘크 2마리가 놀라
멈칫거려. 기나긴 들소 행렬이 초원을 다 가로지를 때까지 기다릴
모양이야.
이 그림은 서부 개척 시대에 미국의 화가 조지 캐틀린이 그렸어.
조지 캐틀린은 어렸을 때부터 과학과 자연, 인디언에 관심이 많았어.
그림도 잘 그렸어. 커서는 아버지를 따라 변호사가 되었지만 변호사
일이 즐겁지 않았어.
캐틀린은 화가가 되기로 결심하고, 여행을 떠나. 그림 도구와 며칠
동안 먹을 식량, 사냥총을 챙겨 그때까지만 해도 백인들이 거의

가 본 적 없었던 서부로 서부로……. 대평원에서 캐틀린은 믿을 수
없을 만큼 많은 들소 떼를 보았어.
캐틀린은 들소 그림을 많이 그렸어.
끝없이 펼쳐진 대평원에서 들소 떼를 바라보며 그림을 그릴 때
화가의 기분이 어땠을까? 숨이 멎는 것 같지 않았을까?
캐틀린은 다섯 번에 걸쳐 수천 킬로미터를 여행하며 대평원에서
인디언 원주민들을 만나. 인디언 마을에서 인디언 부족과 함께 살며
백인 최초로 인디언의 초상화를 그려.

캐틀린은
대평원의 원주민을 사랑했어.

남자, 여자, 노인, 어린아이…… 정직하고 지혜로운 인디언의 모습을
화폭에 담았어. 인디언을 그릴 때는 반드시 그 사람의 이름과 그린
날짜도 함께 적었어. 여행에서 돌아와 캐틀린은 미국과 유럽의
박물관에서 그림을 전시했어. 수만 명의 관람객이 캐틀린의 그림을
보러 몰려들었어. 캐틀린은 전시회에서 강연을 하며 사람들에게
인디언에 대해 알려 주었어.

대평원에서 인디언이 들소 떼와 함께
얼마나 평화롭게 살고 있는지 말이야.

캐틀린은 대평원을 언제나처럼 그들이 살 수 있는 곳으로 남겨
두어야 한다고 주장했어. 하지만 캐틀린의 바람은 이루어지지 않았어.
백인들은 인디언을 그들의 땅에서 완전히 몰아냈어. 인디언을
몰아내기 위해 들소 떼를 학살했어. 인디언들이 들소를 사냥해
고기와 가죽을 얻고, 움막을 지었기 때문이야.
미국의 대평원에는 이제 들소 떼도 인디언도 살지 않아. 미국
스미스소니언 박물관에 캐틀린이 그린 인디언의 모습이 방금 그린 듯
생생한 모습으로 걸려 있을 뿐이야.

북아메리카 대평원은 동쪽과 서쪽으로 800킬로미터, 남쪽과 북쪽으로 3,200킬로미터에 이르는 광활하고 편평한 땅이야.

끝없이 펼쳐진 대평원이 우리나라를 10개 합친 것보다도 넓다면 믿을
수 있겠어? 그러니 광활하다는 말로는 그 땅의 광활함을 100만분의
1도 표현하지 못해. 거기에 직접 서 본 사람만이 대평원의 광대함을
느낄 수 있을 뿐이야.
사방팔방, 가도 가도 끝없는 지평선이 하늘과 맞닿아 있는 풍경을

상상할 수 있겠어?
그렇게 드넓은 대평원에 나무가 거의 자라지 않는다는 거야. 가도 가도 풀과 드문드문 키 작은 관목뿐이야. 대평원에 아주 잠깐만 비가 오기 때문에 큰 나무가 자랄 수 없고 풀만이 무성해. 이곳의 기후가 몹시 건조하기 때문이야. 사막 다음으로 건조해. 1년 동안 내리는 비의 양이 겨우 200~400밀리미터라니!
왜 그럴까?

> 대평원의 서쪽 끝에
> 로키산맥이 가로막고 있어서
> 태평양 바다의 축축한 공기가
> 산맥을 넘어오지 못해.

그렇게 드넓은 땅에 숲도, 울퉁불퉁 산도, 바위도 없다니!
어떻게 그렇게 드넓은 땅이 끝없는 초원으로 뒤덮이게 된 걸까?
북아메리카 대평원보다 10배 더 작은 우리나라에도 그렇게 많은 산과 계곡, 바위와 언덕이 있는데 말이야.
대평원에 무슨 일이 있었던 걸까? 거인이 산과 언덕과 바위를 대패질하듯 깡그리 쓸어 버리기라도 한 걸까?

먼먼 옛날, 공룡이 살았던 시대에
북아메리카 대륙의 대평원은
얕은 바다였어!

먼 옛날 이곳에 살던 공룡 뼈와 기이한 물고기 화석이 지금도 발견되고 있어. 바닷물이 들어왔다 나갔다 하기를 오래오래 반복하다 8000만~5500만 년 전, 로키산맥이 솟아 올랐을 때 바닷물이 완전히 빠져나갔어.

수백 수천만 년 동안 로키산맥에서 흘러내린 진흙과 모래가 그 위에 쌓여.

지구에 빙하 시대가 와. 북아메리카 대륙이 거대한 얼음으로 뒤덮여. 수백만 년 동안 눈이 쌓이고 녹고 쌓이고 녹으며 단단한 얼음 대륙이 돼. 빙하가 수백 미터 쌓여.

빙하 시대가 끝나고 로키산맥에서 거대한 빙하가 미끄러져 내려와.

빙하가 쓸고 내려온 흙이
대평원 끝까지 이르러.

북아메리카의 대평원이 영양분이 가장 풍부한 땅이 된 이유야.
북아메리카 대륙의 대평원에 지금은 거대한 농장이 들어서고, 전 세계 사람들과 가축의 식량이 될 밀과 옥수수와 콩이 자라.

에트르타, 해변과 팔레스 다몽

클로드 모네, 1885년, 시카고 아트 인스티튜트

전 세계 대륙을 둘러싼 길고 긴 해안선을 상상해 봐

여기는 프랑스의 노르망디 지방의 해변 마을 에트르타야.
에트르타 마을은 해안과 절벽이 너무 아름다워서 프랑스의
신혼부부들이 신혼여행으로 가장 많이 찾아오는 곳이야.
하지만 그림 속 풍경은 여행지로 널리 알려지기 전이야.
저 멀리 하얀 절벽이 햇빛을 받으며 바다를 내려다보고 있어. 조금
비틀어져 있는 절벽은 그림자가 져서 얼룩얼룩해. 해변에는
고깃배들이 놓여 있는데 사람들은 보이질 않아. 아직 고기를 잡으러
나가기 전일까? 주황색 돛을 단 배 한 척이 제일 먼저 바다로 나가고
있어.
바닷물이 일렁일렁 쉬지 않고 흔들리고 있어. 하늘도 구름도
시시각각 변하고 있는 게 느껴져.

클로드 모네의 〈에트르타, 해변과 팔레스 다몽〉이야.
에트르타는 1700년대에 이곳 바다에서 굴을 따서 마리 앙투아네트 왕비에게 바친 이래로 이름이 알려졌는데, 그 뒤로 소설가와 화가들이 찾아와 쉬어 가고 영감을 얻었기 때문에 더 유명해졌어.

에트르타를 찾은 예술가들 중에 클로드 모네가 있었어.

클로드 모네는 어렸을 때 에트르타에서 많이 멀지 않은 해안가의 마을에서 자랐어. 모네는 학교 수업 시간에도 공책에 그림을 그리던 아이였는데, 19세 때 아버지의 반대를 무릅쓰고 파리로 가서 화가가 되었어.
중년이 된 모네는 에트르타 바닷가를 자주 찾았어.
동이 트는 새벽부터 노을로 물드는 저녁까지 몇 시간이고 해변과 절벽과 파도를 바라보며 꼼짝 않고 그림을 그리는 모네를 상상할 수 있어. 모네에게는 괴팍한 고슴도치라는 별명이 있었는데 아름다운 에트르타 바다의 모습을 다 표현하지 못하는 자신의 실력에 화가 나서 그림을 찢고 화를 내면서도 51점이나 그림을 완성했어.
모네의 그림 덕분에 지금도 에트르타 바다를 보러 세계 곳곳에서 사람들이 모여들어. 모네가 그토록 열심히 그린 '코끼리절벽'을 찾아와 사진을 찍어.

그런데 코끼리절벽이라니, 이름이 재밌어. 커다란 코끼리가 코를 바닷속에 담그고 앉아 있는 모습 같다고, 소설가 모파상이 소설에 쓴 다음부터 이름이 코끼리절벽이 되었어.

에트르타 해안 한쪽 끝에 '아기코끼리절벽'이, 다른 쪽 끝에 '엄마코끼리절벽'이 있어.

하지만 아쉽게도 〈에트르타, 해변과 팔레스 다몽〉에는 아기코끼리절벽만 등장해. 그림 정면에 보이는 하얀 절벽 아래에 구멍이 뚫려 있는 게 보여? 거기가 바로 아기코끼리절벽이야. 바다에 앉아 코를 빠뜨린 아기 코끼리가 상상이 돼?
엄마코끼리절벽은 아기코끼리절벽보다 더 크고 코가 더 길어.
엄마코끼리절벽 앞에는 바닷속에서 불쑥 솟아난 바위가 하나 있는데, 바늘바위라 불려. 이름은 고작 바늘바위지만 바다에서 70미터 높이로 우뚝 솟아 있는 커다란 바위야.
혹시 괴도 뤼팽의 이야기를 알아? 〈기암성〉 편에 바로 이 바늘바위가 나와. 괴도 뤼팽이 바위에 구멍을 뚫고 훔친 값비싼 보석들을 그 속에 숨겨 놓았다는 거야.

여기가 엄마코끼리절벽이야.

먼 옛날 에트르타 해안은 바닷속에 잠겨 있었어. 절벽을 봐. 까마득히
오랜 세월 한 층 한 층 쌓인 수많은 나이테가 보여? 가로로 줄이 난
것이 꼭 납작하고 편평한 시루떡이 차곡차곡 쌓여 있는 것 같아.
이곳은 석회암 지층이야. 조그만 바다 생물들의 껍데기와 뼈대가
바다 밑바닥에 차곡차곡 쌓여서 단단하게 된 석회암 말이야.
해안선이 낮아진 건지 땅이 위로 올라왔는지 정확히 알 수 없지만
먼 옛날 어느 순간 바다 밑에 있던 석회암층이 바다 위로 모습을
드러내었어.

하지만 처음에는 절벽이 아니었어.

처음에는 까아지른 질벽도 없었고, 코끼리 코 기둥도 없었고, 절벽의
구멍도, 툭 떨어져 솟아 있는 바늘바위도 없었어. 수천수만 년 동안
끈질기게 바위 언덕을 때린 파도의 힘이 바위 언덕을 이렇게 진기한
절벽으로 바꾸어 놓은 거야.
작은 파도의 힘은 바위를 깨기에 보잘것없이 보이지만 계속 계속
파도가 치면 바위를 부숴. 폭풍이 부는 날에 해안으로 들이닥치는
높고 거센 파도는 바닷가의 언덕을 깎아. 바위 언덕의 아래쪽이 계속
계속 깎여 나가면 위쪽이 아슬아슬해져. 그러다가 어느 순간 와르르
무너지고 절벽이 생겨나.

여기는 오스트레일리아의 해변이야.
구불구불 들쑥날쑥
기이하게 깎여 나간 절벽을 봐.

이렇게 멋진 절벽이 파도의 힘으로 생겨났다는 게 믿겨져?
파도는 오랜 시간에 걸쳐 해안의 약한 암석을 깎아 내고, 깎아 낸
암석 조각과 모래를 퇴적시켜 해안선을 변화시켜.

잠시 눈을 감고
전 세계의 대륙을 둘러싼
길고 긴 해안선을 상상해 봐.

쉬지 않고 해안에 들이치는 파도를 상상해 봐.
세계의 모든 해안선을 파도가 조각하고 있어.
수백만 년이 지나면 어떤 모습으로 변해 갈까?
기이하고 아름다운 절경을 보여 주는 절벽과 바위 기둥, 해안 동굴,
기다란 모래밭은 모두 까마득히 오랜 시간 동안 끈질긴 파도의 힘을
견디고 살아남은 거야.

찾아보기

가스　103, 107, 108, 110
강수량　31, 59, 64
결정　49, 51, 84
계곡　42, 112~118, 167
구름　38, 47, 53, 54, 56, 59, 64, 70~72, 74, 76, 103, 121, 155, 163, 171
기후　15, 29, 31~35, 39, 47, 92, 93, 167
남극　34, 41, 49, 64, 106
눈　39, 49, 64, 79~82, 84, 86, 88, 98, 99, 105, 121, 124, 169
대륙　22, 32, 34, 39~41, 49, 103, 104, 106, 116, 118, 143, 145, 163, 168, 169, 171, 177
돌　20, 27, 61, 62, 125, 140
동굴　4, 122, 136, 137, 177
마그마　106, 108
모래　19, 20, 22, 24, 37, 122, 152, 153, 169, 177
밀림　4, 5, 9, 11, 12, 16

바위　22, 24, 27, 95, 113~116, 118, 125, 126, 129, 130, 132~134, 136, 139, 140, 143, 156, 167, 173, 175, 177
번개　74, 75
북극　34, 45, 47, 49, 51 64
분화구　103, 150
불기둥　109
비　22, 39, 56, 60~66, 68, 69, 71, 72, 82, 98, 99, 101, 155, 161, 167
빙하　5, 16, 34, 49, 116~118, 124~127, 132, 150, 169
사막　4, 5, 16, 19~22, 24, 26, 27, 37, 41, 43, 64, 153, 167
삼엽충　135
생물종　14~16
세균　63, 64
수증기　64, 74, 82
습도　56, 59
아마존　12, 14, 16
암석　24, 106, 177

찾아보기

얼음   34, 44, 45~47, 49, 51, 82, 84, 88~90, 116, 124, 132, 169
엘 캐피탄   113
열대 우림   9, 12, 14~16, 64
용암   103, 106~108, 110, 111, 145
이끼   47, 49
일기 예보   56, 57, 59
자갈   20, 24
절벽   113, 122, 128~130, 132~134, 139~143, 145, 171~173, 175~177
정글   11
지오스민   63
지중해   37, 39, 41, 43, 97
지하수   136, 149, 150
지형   122, 126
침식   159, 160
태양   75, 93, 103, 108
태풍   76
토네이도   76, 77
퇴적   159, 160, 177
툰드라   47, 49, 64
평원   4, 5, 16, 22, 24
폭우   64, 71
폭포   4, 8~10, 104, 113, 118, 138~145
풍향   59
해빙   49, 51
해수면   34, 41, 95
해안선   171, 175, 177
해협   39, 41, 43
허리케인   76
협곡   122, 127
호수   4, 5, 16, 22, 24, 39, 41, 71, 72, 88, 90, 103, 113, 118, 123, 147~153, 157, 159
화산   4, 93, 102~104, 106~108, 110, 122, 150
활화산   103

참고 도서

윌리엄 로렌스 지음, 유인선 옮김, 《열대 우림에서 2년》, 모티브북, 2005

마거릿 D. 로우먼 외 지음, 유인선 옮김, 《웰컴 투 정글》, 갤리온, 2006

Frederick K. Lutgens 외 지음. 김경렬 외 옮김, 《지구시스템의 이해》, 박학사, 2009

헨드릭 W. 반 룬 지음, 임경민 옮김, 《반 룬의 지리학》, 아이필드, 2011

최재천 지음, 《열대 예찬》, 현대문학, 2011

팀 라드퍼드 지음, 김학영 옮김, 《우주에서 떨어진 주소록》, 샘터사, 2015

Paul R. Bierman 외 지음, 윤순옥 외 옮김, 《핵심 지형학》, 시그마프레스, 2016

신시아 바넷 지음, 오수원 옮김, 《비: 자연·문화·역사로 보는 비의 연대기》, 21세기북스, 2017

이원영 지음, 《여름엔 북극에 갑니다》, 글항아리, 2017

Darrel Hess, Tom L. McKnight 지음, 윤순옥 옮김, 《McKnight의 자연지리학》, 시그마프레스, 2019

비에른 로아르 바스네스 지음, 심진하 옮김, 《빙하의 반격》, 유아이북스, 2020

자크 엘리제 르클뤼 지음, 정진국 옮김, 《산의 역사》, 파람북, 2020

앤드루 블룸 지음, 노태복 옮김, 《날씨 기계》, 에이도스. 2022

트리스탄 굴리 지음, 서정아 옮김, 《날씨의 세계》, 휴머니스트, 2022

에드워드 애비 지음, 황의방 옮김, 《사막의 고독》, 라이팅하우스, 2023

벤 롤런스 지음, 노승영 옮김, 《지구의 마지막 숲을 걷다》, 엘리, 2023